信頼される校長の条件

竹内弘明
Hiroaki Takeuchi

教育開発研究所

はじめに

２０１９年５月１日、時代は平成から令和へ。そして２０２０年４月には、多くの自治体で令和初の辞令交付式が行われました。このとき新任校長になった先生にとっては、初年度が新型コロナウイルス感染拡大防止のための休校から始まるという、波乱の校長人生の幕開けとなりました。

それから数年を経て、学校教育はコロナ禍を乗り越え、次のステージに進みつつあります。

これから先、令和の時代にはどのような校長が求められるのでしょうか。コロナ禍のような危機への対応はもちろんですが、ＩＣＴ機器を駆使したり、英語などの語学力を身につけたりすることも必要になるでしょう。

先行き不透明な時代を１００歳まで生きるであろう今の子どもたちには、自ら考え、判断し、行動できる力が求められており、学校教育のあり方も大きく変化しています。

社会状況や子どもの変化等を背景として、保護者や社会の要望も厳しくなり、学校教育をめぐる課題はますます複雑化、多様化、高度化し、教職員への期待もいっそう大きくなっています。一方で、その教職員の働き方改革も重要な課題となっています。

こうした「令和」の時代に学校をリードしていく校長には、多くの力が求められます。

「不易」と「流行」

教育の世界では「不易」と「流行」という言葉がよく使われます。

不易を知らざれば基《もとい》立ちがたく、流行を知らざれば風《ふう》新たならず。


これからの学校運営は、働き方改革をふまえた新しいスタイルに変わっていくことでしょう。しかし、今までの学校運営の中にも「不易」の部分は多々あります。

いつの時代も校長の思いは変わりません。子どもたちや教職員のために、そして地域社会や住民のために日夜奮闘する校長の姿は変わらないものと考えています。

学校の舵取りがますます難しくなりつつある昨今では、管理職を目指す教員が激減している状況にあります。しかしながら、学校を任され、教職員とともに子どもたちの成長や学校の発展に尽力することは大きなやりがいでもあります。
そしてこのような時代だからこそ、管理職の存在はますます大きなものとなっており、よりいっそう信頼される管理職が求められています。

校長学の基礎は「信頼」

筆者は長い間教育委員会に勤務するなかで多くの校長先生と出会ってきました。そして、その多くの校長先生から「校長学」を学ばせていただきました。学校運営のポイントや判断の際のよりどころ、校長としての立ち居振る舞いなど、一人ひとりがそれぞれの校長学をもっていました。それらをノートに書きとめ、自身が校長になった際にはその校長学を大切にしながら学校運営を行ってきました。

筆者が学んだ多くの校長学、その根幹にあるものは「信頼」でした。

教職員を信頼する。周囲から信頼される校長。子どもや保護者との信頼関係。地域から信頼される学校づくり。

どの校長学にも「信頼」というキーワードがちりばめられているのです。

つまり、**学校運営の基盤として信頼関係の構築が肝要**であるということです。

筆者が学んだ多くの校長先生たちの思いや経験をバトンとして、そのバトンを次代の校長につなぎ、託していくことは、これからの多難な時代の教育を担っていく校長先生にとって大きな力になると考えています。

そんな校長先生たちの思いを「信頼」という言葉を軸にして、現場目線で、そして等身大でお伝えしたいと思います。

いつの時代も、校長は右往左往しながら懸命に校長としての務めを果たしていきます。そのときに、先輩校長からのバトンが少しでもお役に立てばと願っています。

信頼される
校長の条件
目次

第3章 信頼される校長 人物編

第4章 信頼される校長 学校運営編

第5章 信頼を失わないための心得

第6章 教育委員会との信頼関係をつくる

コラム

ワンフレーズの校長学

第1章

信頼関係がなければ学校運営は成り立たない

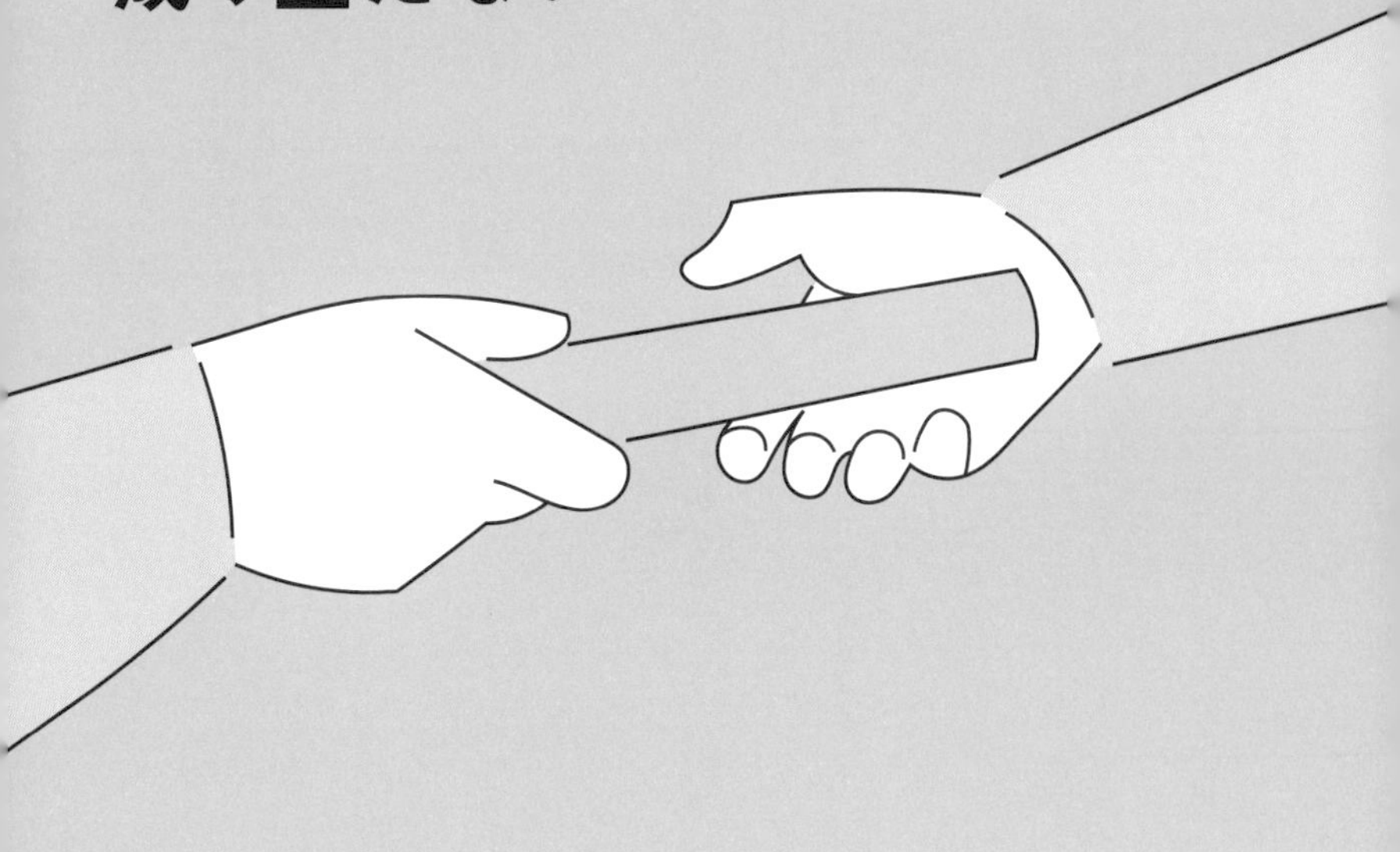

1 組織運営の基盤は信頼関係

「管理職受難の時代」の学校運営

時代は変化しています。一昔前、高度経済成長の時代は目指すものがわかりやすく、絶対解があり、とるべきリーダーシップの方向性もわかりやすかったと思います。

しかし現代社会の変化は激しく、先の読めないVUCA(Volatility：変動性、Uncertainty：不確実性、Complexity：複雑性、Ambiguity：曖昧性)の時代です。

そして、「管理職受難の時代」でもあります。

教育の世界においても課題は複雑化、多様化、高度化しています。社会の変化とともに教職員や保護者の価値観は多様化し、絶対解が見いだせないことも多くなりました。

課題山積のなか、アカウンタビリティやコンプライアンスを求められ、事が起これば矢面に立つのは管理職、責任を負うのも管理職。

だからといって威厳があるかというと、今はもの言えば何かとハラスメントの時代、管理職は孤立無援。一方で身を切る改革を迫られ、給与カットも管理職から。まことに割の合わない仕事で、希望者も減少の一途をたどっています。

責任重大、権威喪失、給料減額、どこがよいのか管理職。でもそんな苦労があるからこそ、やりがいや感動も大きくなるものです。

校長の権威も失墜しているという声を聞きます。

でも、**そもそも校長に権威は必要なのでしょうか。**

校長が教職員から尊敬され、信頼されているかぎり、学校運営は校長を中心に進んでいくものです。**組織運営の基盤は信頼関係です。**信頼関係があればどんな困難な課題があっても一丸となって取り組むことができ、解決に導くことができるでしょう。

これからの時代の校長には、今まで以上に信頼感が求められます。

学校や教職員、子どもたちのことをよく理解し、頼りになり信頼できる校長こそが求められる校長なのです。

学校運営の難しさ

学校の組織運営は難しいものです。

学校はタテ社会ではありませんから、校長の思いを教職員に伝えればそのまま子どもたちにまで伝わっていく、というものではありません。

民間企業や官公庁では、部下は上司の命令に従います。部長・課長・係長といったタテの関係も明確です。もちろん学校の教職員にとって校長は上司ですし、校長の命令には従います。

でも、**学校の教職員は教育のプロの集団**です。一人ひとりが教育に対する熱い思いを持っていますし、自信も持っています。校長以上に目の前の子どもたちに向き合っており、教育信条も持っています。職人気質のところがあり、校長の権限をもって上意下達的に仕事をさせるのはなじまない職場です。

また、**校長は教職員に対してあまり大きな権限を有していません**。校長の一存で教職員を昇級・昇格させることもできませんし、処分する権限もありません。教職員の昇級は定例的に行われますし、特別昇給や勤勉手当の加算などを推薦することはできても、そのために校長の方を向く教職員はいません。懲罰についても、処分は教育委員会が行います。校長の権限で懲罰を与えることはできませんから、校長の顔色をうかがって言うことを聞くこともありません。人事異動の際の内申も慎重に行わないと後々の禍になりますから、かえって校長の方が気を遣います。つまりは「アメ」も「ムチ」も持っていないのです。

教職員を動かす「信頼関係」

それでも、校長は教職員を率いていかねばなりません。**いかに教職員を動かすか、教職員に動いてもらうか。**

子どもたちを直接指導するのは教職員であり、その教職員が校長の意を体して学校が一丸となって取り組む。校長の思いと教職員の思いが一つになってこそ、大きな教育力が生まれます。

そこで**校長と教職員をつなぐのが「信頼関係」**です。

信頼する人の言葉は心に届きます。教職員が校長を信頼していてこそ、校長の思いも職員の心に伝わっていきます。

「この校長が言うならそうしよう」「この校長の思いに応えるためにがんばろう」「この校長が学校にいるだけで安心して仕事ができる」「この校長と一緒に仕事がしたい」……。

校長も教職員も、みんなが一枚岩となって教育に取り組むことができれば言うことはありません。組織運営の基盤は信頼関係です。

でも、その信頼関係の構築は一朝一夕にできるものではありません。

信頼関係を構築するためには**まず校長が教職員を信頼すること。**

そして**信頼されるに足る校長の姿を見せること**です。

2 信頼関係は築きづらく、崩れやすいもの

信頼関係の構築は簡単にできるものではありません。

教職員は、校長の人となりや仕事ぶり、問題が起きたときの対応などを見ながら「この校長はしっかりしている」「誠実に仕事に取り組んでいる」「教職員の話をよく聞いてくれる」「子どものことをよく見ている」と、徐々に校長のことを信頼してくれるようになります。

教職員と信頼関係を築くには時間がかかります。

でも**崩れるのは一瞬**です。気を抜けば一瞬で地に落ちてしまいます。

崩れた信頼関係や落ちた信用を取り戻すのは容易ではありません。マイナスからの挽回が必要ですから、ゼロから築き上げるとき以上に時間がかかります。

誰でも信頼している人に裏切られたら、それはショックです。校長が教職員を直接裏切るようなことはあってはいけませんし、ましてや地方公務員法に抵触する「信用失墜行為」は論

外です。管理職であり教育者でもある校長の非違行為は言語道断、その影響は計り知れません。

違法とまでは言えなくても、信用をなくしてしまう行為も少なくありません。後の章で詳しく述べますが、**校長として残念な行為**というものもあります。

調子に乗って余計なことを言ってしまったり、情でつい気が緩んだり、感情的になってしまったり、油断して失敗したり……。

一瞬で信用が地に落ちるものもあれば、本人が気づかない間に徐々に不満が積み重なっていくものもあります。

せっかく努力して信頼関係を築いてきたつもりでも、一方で信頼をなくすような言動があればすぐに崩れてしまいます。

普段から**信頼関係は崩れやすいもの**という認識をもち、常に脇を締めて、言動に気をつけることが肝要です。

第2章

教職員に感謝とリスペクトを

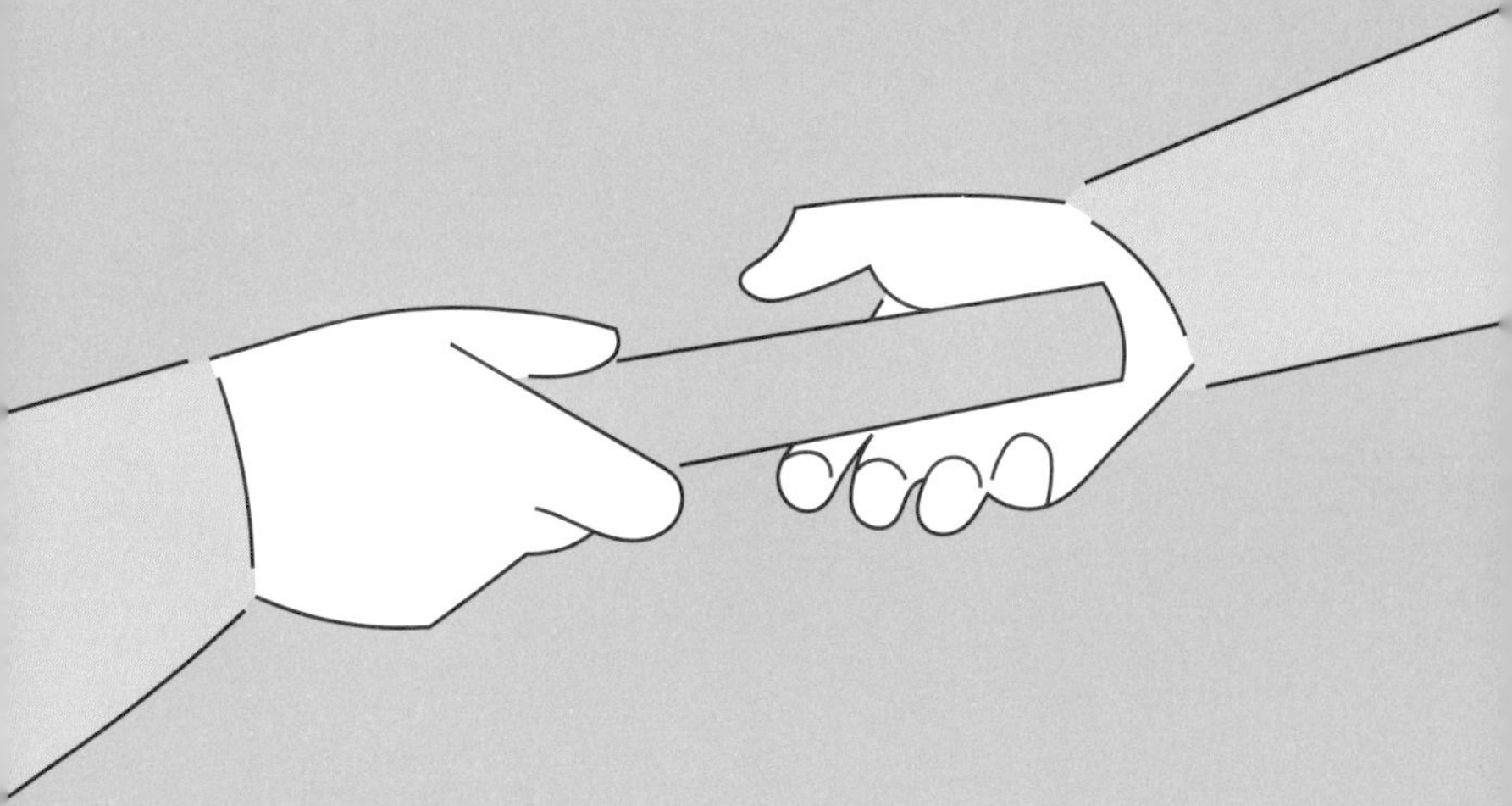

1 教職員にリスペクト

校長が直接子どもたちの教育を担うのは難しいことです。子どもたちと関わることはできても、責任を持って指導するところまではできません。子どもたちの教育を司るのは教員です。

教員ががんばってくれてこその学校です。教員が元気に明るく、やりがいを持って意欲的に子どもたちに向き合ってくれてこその教育であり、学校なのです。

校長は一人では何もできません。校長はまず、このことをしっかりと自覚する必要があります。

教員以外の職員も含め、教職員がいてこその学校です。

教職員のおかげで、子どもたちは今日も一日充実した学校生活を送ることができた。教職員のおかげで、子どもたちは明日もまた学校に来てくれる。

だからこそ、**教職員にはいつも感謝、そしてリスペクト**です。

「教職員のおかげ」という気持ちを胸に

今、**教員志望者が減少しています**。各自治体は、教員採用試験の志願者の減少と志願倍率の低下に悩んでいます。

一方で、**学校現場の教員不足も深刻**です。担任がいないため、教頭や副校長が代わりに担任業務を行っている学校もあります。教育委員会としても何とかしたいものの、志願者が少なく低倍率の状況では教員の質の低下も懸念されます。必要だからといって単純にそのまま必要数を採用できるものでもありません。

意欲に満ちた優秀な教員を確保するために、各自治体は様々な取組を行っています。教員採用試験の改善や教員の仕事の魅力の発信、そして勤務環境の改善にも取り組んでいます。

教員の仕事はブラックと言われるなか、勤務時間の適正化は大きな課題です。「定額働かせ放題」といわれる教員の勤務状況もあります。

しかし、勤務時間は大きく減っているわけではありません。文部科学省等の調査結果を見ると、教員は事務や会議などに係る時間が減った分、子どもたちに向き合う時間や教材研究、教材作成の時間が増えています。

このような厳しい状況にあるとされながらも、多くの教員は子どもたちのために汗をかくことを厭《いと》いません。

教員は子どもが好きで、時間ができればその分、子どもたちのために汗をかいているのです。よい仕事をしたいと思う教員は、子どもたちのためには労を厭いません。

事務職員も同じです。子どもたちのため、教職員のために汗をかいてくれています。校務員も給食調理員も、みんな子どもたちのため、教職員のため、学校のために一生懸命がんばってくれています。

校長はそんな教職員に甘えることなく、敬意を表するとともに感謝の気持ちを持つことを忘れてはいけません。

教職員のおかげという気持ち、感謝の気持ちを忘れないでください。

2 教職員とのコミュニケーション能力

教職員との信頼関係を構築する、その第一歩として多くの校長が異口同音に口にするのは「**教職員と話をする**」ということです。教職員との対話を通じてこちらの思いを伝えること、そして教職員の考えを知ることができるということです。

かつて経団連の会長であったキヤノンの御手洗冨士夫会長兼社長は、ビジネスリーダーにとって最も必要なスキルはコミュニケーション能力であると述べています。彼は日々の対話を通して社員の意識改革をうながし、当事者意識を植えつけ、キヤノンを今の会社にしてきました。

校長が学校運営を行うといっても、一人では何もできません。教職員に動いてもらわないと何もできません。教職員に校長の思いを伝え、「こうしてほしい」と言うだけでみんなが動いてくれたら何も苦労はありません。「国がこう言っています、県から通知が来ています」と言ってすべてが動いてくれたら楽なことです。でも現実はそう簡単ではありません。

自分の思いを持っている教職員もいます。校長の方針に不満を持っている教職員もいるかもしれません。意欲の乏しい教職員もいることでしょう。そんな様々な思いを持つ教職員に対して、**どのように説得して、理解・協力を得ながら校長の目指す学校運営を進めていくか。**そこが難しいところであり、校長の校長たるところでもあるわけです。

そこで求められるのが教職員との信頼関係をつくることであり、そのための第一歩が教職員と話ができる関係づくりなのです。

小さな心配りを忘れずに

「普段から教職員と話はしているよ」という人も多いと思います。確かにそう難しいことではないかもしれませんが、少し気をつけることでさらにコミュニケーションの効果はアップすることでしょう。

たとえば、次のような言動をしてはいないでしょうか。

お気に入りの人とばかり話をして苦手な人とは話をしていない。ついつい説教じみたことを言ってしまう。長々と講釈をたれる。知っていることを自慢げに話してしまう。忙しいときに話しかけられると聞くだけ聞くという姿勢で聞いてしまう。知らないと言いたくないのでつい知ったかぶりをする。食事中に話しかけられたら後にしてもらう……。

少し意識することで、教職員とよりよい関係が築けるはずです。

相手に対する感謝やリスペクトの気持ちを持つことで、おのずと話し方や接し方が変わってきます。謙虚になれば自慢話は控えるでしょうし、知らないことは知らないと言えるでしょう。教職員も忙しいのだと思えば、長々と雑談することはしないでしょう。食事くらいは中断して聞くでしょうし、忙しいときに話しかけられても仕事の手を止めて耳を傾け、中断できなければ改めてきちんと聞く場を用意するでしょう。小さなことかもしれませんが、こうした対応が教職員との距離を縮めてくれます。

距離が近くなることでコミュニケーションもとりやすくなり、対話もしやすくなっていきます。

コミュニケーションは雑談から

コミュニケーションは雑談からです。そのための引き出しは多ければ多いほど役立ちます。いきなり教育を論じるよりも、まずは身近な話題からです。相手の興味・関心、趣味、世の中の出来事、地域の話題、児童・生徒の話、その時々で話題はたくさんあります。

そうした話題についていけるように、ふだんから自分自身がいろいろなことに興味・関心をもち、様々な世界の人と交流することで、自分の引き出しが増えていきます。

仕事柄同じ教員の世界での付き合いが多くなるものですが、異業種の方々との交流の機会があったら、それをできるだけ活かしていきましょう。

雑談では、自分のあまり知らない話題になったときは素直に教えてもらいましょう。プライドが邪魔をして「知らない」と言えず、知ったかぶりをしてしまうのはよくありません。「なるほど、そうなんですね」というふうに、相づちを打って、納得しながら聞くことを意識すると、相手も気持ちよく話ができ、会話も弾みます。

自分の思いを押しつけない

雑談のコツは自分の思いを押しつけないことです。あくまで雑談に徹することです。自分の得意分野や教育の専門的な話になってくるとついつい熱が入ります。相手を納得させたい、教えてあげたいという気持ちになってきます。

しかし、あくまでも雑談です。ほどほどにしておかないと、相手はうんざりして引いてしまいます。

雑談は雑談。多少自分の考えと違うことを言っている人がいても、たわいもないことです。そこは議論するところではありません。ムキにならずに「そんな考え方の人もいるんだ」というくらいの気持ちでいましょう。それよりも**雑談できている雰囲気を大切にしましょう。**

聞き役に回る

雑談のポイントは聞き役に回ることです。話し好きの人は雑談でもどんどん話をしたいものです。その話に興味深く耳を傾けていると、また次も話をしてくれます。

友達との会話ではありません。校長と教職員の会話です。友人同士の会話ならこちらも言いたいことをどんどん言えばよいのですが、上司と部下の雑談です。**大切にしたいのは話ができる関係づくり**です。雑談とはいえ、話をしている相手の気持ちを大切にしたいものです。

嫌いな人、苦手な人ともコミュニケーションを

校長といえども、**教職員の中には苦手な人、性格が合わない人もいるものです。**何となく煙たい人、管理職に反抗的な姿勢をとることが多い人、誰とも付き合いしていない人、やる気のない人、課題のある人、いつも偉そうにしている人、態度の大きい人、大声で文句を言う人……いろんな人がいます。

でもみんな学校の教職員である以上、校長が管理し、監督する責任を担います。嫌いだから話もしたくない、苦手だから距離を置きたい、というわけにはいきません。

教職員同士の関係なら、「あの人は嫌いだから」と口も聞きたくない人とは話をしなくても事は足ります。でも、管理職になれば、どんな教職員でも自分の管理下にあります。嫌いだからといって避けていては、いつまでたっても関係は良くなりません。

どんな人とも話ができる関係を構築しておく必要があります。

感謝したいポイントを探してみる

正直に言って、嫌いな人や苦手な人と話をするのは気が進みません。できるなら避けたいところです。

まずは**その教職員に対する感謝の気持ち**を持ってみましょう。リスペクトはできないかもしれませんが、教職員として仕事に励んでくれています。授業は上手くないかもしれませんし、子どもの心をつかみきれていないかもしれませんが、感謝できる点があればそこを認めましょう。

かつて、自分が教師であったとき、クラスに課題のある子どもがいても教師としてその子どもと向き合っていた頃のことを思い出してみましょう。無視をされても声をかけて話をしようとし、良いところを探しては自信をもたせようとしていませんでしたか。

校長と教職員も同じようなものです。

嫌いな人、苦手な人といっても相手は子どもではなく、大人の人間です。話しかければ、応じてくれる場合がほとんどです。何か話題を見つけて会話をするところから関係はつくっていけます。そのうち学校の取組や課題についても話ができるようになるでしょう。

まずは挨拶から

最初から話をするのが難しければ、まずは挨拶です。

「おはようございます」。「おつかれさまでした」。小さなことですが挨拶から始めましょう。**「挨拶は心の扉を開く鍵」**と言います。嫌いな人が相手でも、こちらから挨拶をしていくことです。無視をしていたら相手も無視してきますし、関係の構築は難しくなります。

挨拶を返してくれない人もいるかもしれません。でも、自分がクラスの担任だったときを思い返してみれば、無視される子どもにも毎日挨拶をしていたはずです。腹を立てても仕方ありません。まずはこちらから挨拶による声かけを欠かさないようにしましょう。

「接遇」と同じで、相手を気分よくしてあげることがポイントです。微笑みながら「おはようございます」と言えば、相手も悪い気はしていないものです。

コミュニケーション力を高めるためにも、嫌いな人に対しても挨拶は欠かさないことです。嫌いな人と話をすることは、これから管理職を目指す人にもぜひ試みてほしいと思います。

校内に管理職を目指す人がいたら、人間関係を構築するトレーニングとして、嫌いな人と話す練習をするように指導をしてほしいと思います。

3 教職員の思いを受け止める

信頼関係の構築の基本は「話をすること」ですが、話ができるようになってくると、教職員も校長に対して言いたいことや聞いてほしいことを話しやすくなってきます。校長に対して、学校に対する自分の思いや個人的な相談などもしてくれるようになってきます。**本音を伝えようとしてきます**。これは信頼関係の構築に向けてのよい傾向です。

こういう機会を大切にし、信頼関係につなげていきましょう。

親身に耳を傾ける

そのためには、丁寧に聞く姿勢が必要です。よく話を聞いてあげましょう。

「よく聞くこと」とは「傾聴」です。間違っていると感じても、それは違うとすぐに否定するのではなく、まずは丁寧に話を聞くことです。途中で遮って否定してしまうと、話している側は話をする気がなくなっていきます。それではせっかく築きかけた信頼関係を反故にするようなものです。

心を込めてうなずいたりあいづちを打ったりして、相手の気持ちに寄り添いながら話を聞きましょう。相手も「自分の話を聞いてくれている」と感じ、落ち着いて話ができるようになります。

そして、繰り返しや言い換え、要約をしながら相手が伝えたかったことを確認しましょう。相手も「理解してくれている」という安心感につながります。

自分の**表情、視線、姿勢、動作、声のトーンといった非言語メッセージ**に注意することも大切です。人は非言語メッセージによって、相手が真摯に向き合ってくれているかどうかを敏感に感じとるのです。腕組みや足組みなどのクローズドポジションは拒否の姿勢になります。

話した人が「話をきちんと聞いてくれた」と実感するような聞き方をしないと効果はありません。親身になって、丁寧に話を聞いてあげることが大切です。

話を聞き、思いを受け止めたうえで、校長の考えや思いを語ってみるとよいでしょう。できないことでもすぐにできないと言うのではなく、1%でも可能性があればいったんは受け止めて「難しいと思うけどできるかどうか調べてみます」「ダメもとで教育委員会に話をしてみます」など親身になって聞く努力をしてみましょう。

100%ダメな場合も「本当に残念だけど……」「今はダメでもまた次回に向けてがんばってみよう」など、気持ちに寄り添って話をすることが大切です。無理な内容だとしても無下《むげ》に断るのではなく、校長に話をしにきてくれたことをよしとして対応しましょう。

教職員と話すチャンスをつくる

定期的に面談をして教職員と対話する機会をつくることにもぜひ取り組んでほしいと思います。

教職員のなかには、校長に自分の考えを伝えたいと思いながらも、校長室に入るのは気が引けて、自分から話しに行けない人が少なくありません。面談を行うことで、そのような教職員の思いも聞くことができます。

教職員の人数によりますが、新年度が始まり落ち着いた頃や、年度の中盤に差しかかった頃、また来年度の分掌を考える時期など、できれば一人につき一年度に3回くらい面談を行うのが望ましいと思います。

また、学校には非常勤講師やスクールカウンセラー、スクールソーシャルワーカーや特別支援教育コーディネーターなど非常勤の職員がいます。こうした職員ともぜひ話をする機会をつくってみてください。

非常勤の職員にはなかなか目が届きにくいと思いますが、学校の動きがよくわからない、子どもの情報が届かないなど、悩みを抱えているかもしれません。

非常勤の職員も同じように、学校に対していろいろな思いをもちながら、子どもたちに関わってくれています。校長に聞いてほしいこともあるでしょう。ぜひ年に一度でもよいので、面談の機会を設けてほしいと思います。

校務分掌の希望を汲む

校務分掌についての面談は、次年度の分掌を考える際にとても重要です。

次年度の校務分掌については事前に希望調査を行い、希望に基づいて決めていくことが一般的でしょう。でも実際は希望の軽重があったり、他の教員との相性があったり、**調査用紙の紙面には現れない事情**があります。

「一任」と回答していても「本当はこれがやりたい」とか、「これだけは避けてほしい」という希望があり、分掌を決めたあとに「まさかこんな分掌になるとは思っていなかった」と不満を言われたという話を聞きます。

もし誰もが敬遠する分掌に配置するつもりであれば、事前に話をしておく方がよいでしょう。一任と書いた人にも思いはあります。話をしてみないとその思いはわかりません。

校務分掌の配置は教職員にとっては大きなことです。教職員一人ひとりと面談をとおして思いを聞きながら、調整をしていくとよいでしょう。

分掌を決めた後のフォローが大切

もちろん教職員は大人ですから、どのような分掌であっても自分の仕事はします。でも、教職員がやらされ感で仕事をするのではなく、意欲的に取り組むことができるようにするには、**教職員の本音を聞き、できるだけその思いを生かす**ことです。

とはいえ当然校長の考えもありますから、希望を汲むことができないことも多くあります。そんなときでも、頭ごなしに言うのではなく「あなただからこそ何とかこの分掌をお願いしたい」と校長の思いを伝え、理解と協力を求めるというふうに、教職員の気持ちを大事にしながら話をしてほしいと思います。

それでも嫌がる人もいるかもしれません。その場合も「職務命令だ」と言い捨てるのではなく、粘り強く話をすれば「そこまで言われたら仕方がない」と多くは折れてくれるものです。

そして新年度になって新しい分掌が動き出したら、少し落ち着いたころに「新しい分掌はどう？」と声かけをしてあげることも忘れないようにしましょう。その後も気にかけているよ、という気持ちを伝えることを大事にしてほしいと思います。

いろいろな立場の人の話を聞く

校務分掌に限らず、物事を決める際は教職員の話をよく聞くことが大切です。

たとえば、新しい取組を進める場合には賛否両論、様々な意見が出てきます。賛同する人だけでなく、反対する人の意見、少数意見、影響を受ける立場の人たちの意見もしっかり聞きましょう。事前に関係教職員の話を聞き、理解や協力を求め、調整や配慮をすることが大切です。

学校外の人の意見を聞くことも有効です。

学校の取組に関することなら、ＰＴＡや同窓会、地域の意見なども事前に聞いておくと、後々になって苦言を呈されることも少なくなります。「ＰＴＡも同窓会も了解してくれています」と、校内での取組を進めやすくもなります。

校長室の扉を開く

話は戻りますが、教職員の話を聞くためには、**教職員がいつでも話をすることができるような環境づくり、雰囲気づくり**も大切です。

いつも校長室のドアを開けておくというのも、多くの校長が行っている手法の一つです。校長室のドアが閉まっていると、重々しい雰囲気になります。相談したい、話をしたいと思っても、校長がいるか、いないかも分からないし、仕事の邪魔をしてはいけないと思うとノックをしにくい雰囲気になり、つい遠慮してしまいます。

校長室のドアを開けておくことで、その敷居を少し低くすることができます。

また**「校長は校長室にいますよ」というサイン**にもなります。

「校長室のドアが開いているときはいつでも来てもらっていいですよ」と教職員に伝えておきましょう。そうすれば、教職員もノックしやすくなります。校長室のドアが閉まっているときは留守にしているか、来客や会議中ということで、教職員からも分かりやすくなります。

教職員だけでなく子どもたちにも伝えておけば、ドアが開いているときにのぞきに来たりして、話をすることもできます。
開かれた校長室はとても好評です。

4 感謝と労い

教職員と話をすることと同時に、**教職員へ感謝と労《ねぎら》い**の声をかけることも忘れないようにしましょう。授業はもちろん、学校行事や部活動の大会などの前後に声をかけ、感謝を伝え、労をねぎらうことです。

子どもたちの教育は校長一人では何もできません。子どもたちと向き合うのは教職員であり、教職員が汗をかいてこそ充実した教育を行うことができます。その教職員に対して常に感謝の気持ちを持つとともに、それを言葉にすることが大切です。

事あるごとに声かけをする

教職員への言葉がけは、事あるごとにすることです。
行事の前日には「明日はよろしくお願いします」、当日の朝には「何かと大変で気をつかいますが、よろしくお願いします」、その日の終わりには「お疲れ様でした。おかげで無事に終了しました。ありがとうございました。お疲れでしょうから、お気をつけてお帰りください」。翌日も「昨日はお疲れ様でした。おかげさまで保護者の方々からも『良い行事だった』とおっしゃっていただきました。ありがとうございました」。

このように、**事あるごとにお礼と労いの言葉をかける**ことです。

教員だけでなく、他の職員にも同様です。「庭の花がきれいに咲いていますね、ありがとう」「旅費の請求がややこしくて大変ですね、お手数をおかけします」「今日の給食も美味しかったですよ」……。

教職員も、認めてもらうことでさらに意欲を持って仕事に取り組んでくれます。

「自分の仕事を認めてほしい」「がんばったことを褒めてほしい」「できたことを見てほしい」……人は誰でもそんな気持ちを持っています。教職員も同じです。若手もベテランも同じです。校長から褒められたり、お礼や労いの言葉をかけられたりして嫌な気持ちになる人はいません。どんどん声をかけてあげてください。

教職員のがんばりを見つける

そのためには、校長が日頃から教職員をよく見ていることが求められます。学校行事などにかぎらず、**目立たないがんばりを見つける**ことを意識してください。忙しくても、放課後質問に来る子どもたちを丁寧に教えていること、地味な部活動・クラブ活動だけど子どもたちと一緒にがんばっていること、職員室の洗い場や共用スペースの掃除をしてくれていること、子どもたちが気軽に相談に行けるようにカウンセリング室の入口を工夫していること、廊下の隅に落ちているゴミを拾ってくれていること……そんな教職員の行動に感謝の言葉をかけてあげてください。

校長室に閉じこもらない

校長室にじっとしていては、教職員のがんばりを見つけることはできません。校内を見て回ったり、子どもたちと話をしたり、職員室や保健室、校務員室、調理室をのぞいてみたりしながら、教職員のがんばりや善意の行いを見つけてください。

ただ漠然と感謝の言葉を述べるのではなく、具体的に取り組んだ事実に感謝や労いの言葉をかけることこそがすばらしいと思います。

5 目配り、気配り、心配り

教職員に対して感謝の気持ちやリスペクトの気持ちがあれば、おのずと教職員一人ひとりを大切にすることができるようになるはずです。

目立っている教職員には存在感がありますが、おとなしい教職員や課題のある教職員も含め、どの教職員も大切に接することで、教職員もその思いを汲んでくれます。

一人ひとりに**目を配り、気を配り、心を配る**ことはとても大切です。

用事があるときは自分から出向く

校長と教職員という関係はそれ自体が上司と部下の関係ですが、教職員に感謝とリスペクトの気持ちをもち、個人同士としての基本的な対応をすることが効果的です。

たとえば教職員に用があるとき、電話をかけて「ちょっと来てくれるか」と校長室に来てもらうこともあるでしょう。しかし、本来は、用があるときはこちらから出向くのが一般的なマナーです。時間があるときは、電話で呼び出すのではなく自ら足を運んでみるとよいと思います。

教職員はいつも忙しくしています。でも、なかなか手が離せない場合であっても、上司にあたる校長から呼ばれれば何を置いても行かないと、という気持ちになります。

それに甘えず、**校長からも足を運んでみてください**。足を運んで「ちょっと校長室へ来てくれますか」と声をかけてみてください。そうした小さな心配りが、教職員との関係の構築につながります。

また、「今、時間ありますか」といった前置きも必要です。教職員にもいろいろな都合があります。大事な仕事の途中かもしれませんし、次の時間の授業準備に追われているかもしれません。子どもからの急な依頼の対応をしているかもしれません。

いつでも声をかけたら教職員はすぐに来る、というものではありません。つい上司ぶってしまい、上から目線になりがちなので気をつけたいものです。

人を見送るときは礼を尽くして

校長室を出ていく教職員に対しての見送りの際も同様で、最後まで見送ることが大切です。校長の机を挟んで話をし、用事が終わって教職員が退出していく場面をイメージしてみてください。言うまでもないことですが、自分も立って同じ目線で話しましょう。立っている人に上目遣いで話をするのはよろしくありません。

お互い立って話をしていると、話が終われば、校長は一息ついて着席しがちです。すると、着席したタイミングで教職員が「失礼しました」と一礼して部屋を出ていき、校長は座ったまま会釈をする、という流れになります。

そんなとき校長も、着席せずに立ったままで「よろしくお願いしますね」と一礼を返してあげると印象がよくなります。

教職員に限らず、**人を見送るときは最後まで見送りながら礼を尽くす**ことは大切です。来客を見送る際も時間があれば玄関まで一緒に行き、その人が校門を出るまで見送るのがよいでしょう。もちろん校長室のドアのところで挨拶をして終わってもよいのですが、校門を出るまで見送ってみてください。最後に姿が見えなくなる直前にこちらを振り向く人もいるはずです。そのときに玄関で校長が見送ってくれていたら、とてもよい印象を持って帰っていただくことができます。

相手に与える印象は、出会いの印象より、別れの印象の方が大切です。出会いの印象はその後に修正することもできますが、別れ際の印象は修正できないからです。そういう意味でも、別れ際に相手に気持ちよく、良い印象を持って帰ってもらうことが大切です。

電話の場合も同様です。最後に「ガチャン」という音がすると耳障りなものです。いくら丁寧に話をしていても、話が終わって早々に、それも大きな音で「ガチャン」と切られてしまうとよい印象は残りません。電話を切るときは一呼吸おいて、相手が電話を切った頃に受話器を置くと、悪い印象を与えなくてすみます。これも別れの印象です。

一手間かけることを惜しまない

要するに、一手間かけることを惜しまないことです。職員室へ行くことも、見送りで玄関まで行くこともそんなに時間がかかる訳ではありません。よほど急いでいるときを除けば大した時間ではないはずですから、一手間かけてみましょう。

また、事あるごとにできるだけ一声かけることも効果的です。

部活動で好成績を残せば「おめでとう！」
風邪で休んでいて復帰してきたら「もう大丈夫ですか？」
気になる子どもがいたら「○○さんは最近どうですか？」
子どもが活躍していたら「先生のクラスの○○さん、よかったね！」
調理室へ行って「今日も美味しそうな香りがしていますね！」

一言ずつでも声をかけるだけで、教職員との距離は近くなっていきます。

ある校長は、教職員の誕生日には必ず「おめでとう！」の声かけをしていました。ただ、今の時代は個人情報について厳しい時代ですから、誕生日についての声かけは難しいかもしれません。

また、ある校長は職員室へ入室する際に、2ヵ所の出入口の一方に偏らないようにあえて両方の出入り口から交互に入るようにしていました。「入口から中央の教頭席へ行くまでに、途中で言葉を交わす教員が偏るからだ」と語っていました。そこまで気をつかう校長もいたのです。

その他にも、朝夕必ず職員室に顔を出す、毎日必ず校舎内を見て回る、部活動や放課後の活動を見て回る、出張があってもできるだけ学校に顔を出す、週に一回は必ず生徒食堂で昼食を食べる、毎日校務員室に必ず顔を出して声をかけていく……などなど。

日頃から教職員や子どもたちのことを気にかけ、応対する人のことに心を配っていれば自然とできることです。

教職員との関係づくりでは、**教職員には手間をかけさせない、自分が手間をかける**という気持ちを持つことが大切です。

こうした教職員への小さな心配りを積み重ねていくことで、校長への信頼感が生まれてくるのです。

6 教職員を支援・応援する

教職員に対する感謝の気持ちやリスペクトがあれば、教職員を応援しよう、支援してあげようという気持ちも生まれてきます。

教職員と話ができるようになってくると「こんな企画を考えているが実施できないか」「次の行事ではこんなことも取り入れてみたい」「この取組にチャレンジしたい」「この研修会に参加してみたい」など、学校運営に関わる要望や依頼が出てくるものです。

子どもたちのため、学校のためによいことであれば、できるだけ支援してあげたいものです。もちろん学校行事の企画などは校長が即決できる事項ではありません。担当部署と話をし、校務運営委員会などの会議にも諮る必要がありますし、最後は職員会議で決めていくものです。校長が支援をするといっても、ワンマン的に企画を通すことはすべきではありません。そんなことをすれば他の教職員から不満が噴出します。

直接的に支援できなくても応援はできます。担当部署への提案の仕方や資料の作り方などをアドバイスしてあげましょう。校長が応援してくれれば、教職員も意欲的に取り組んでいけることでしょう。

それでもダメなこともあります。ダメであったとしても、校長が応援してくれたこと、アドバイスをくれたことはきっと教職員にとって次への力になるはずです。

若い教職員へのサポートとケア

とくに**若い教員に対しては、校長の方から積極的に指導や支援をしていきましょう。**

今、どこの学校でも若い教員が増えています。まだまだ未熟ですから、小さなことでも悩み苦しみます。若い教員は多くいますから、お互い悩みを共有し相談し合いながらがんばっていることと思いますが、それでも次から次へと課題は湧いてきます。なかには課題対応に疲れ果て、臨界点を超えてしまう人もいます。せっかく憧れの教員になっても日々の仕事が苦痛になるようではいけません。ましてや体調を崩して休職したり、離職したりするようなことは避けなければなりません。

若い教員のケアは校長にとっても大きな課題です。

4月1日から教師として子どもの前に立ち、ベテラン教員と同じように授業をし、担任業務を行い、保護者対応もこなします。でも若い人にとっては1時間の授業をこなすだけでも一生懸命です。毎日の担任業務も大仕事です。ベテランの教職員なら難なくこなす普通のことでも、若い教員は不安のなか、一生懸命取り組んでいます。

そんな思いを察してあげて、小さいこと、当たり前のことでも、一つひとつのことを褒め、労をねぎらってあげるととてもうれしいものです。

管理職からの声かけが励みになる

若い人にとって、校長や教頭は雲上人です。そうした人たちからの言葉が与える影響力も大きいものです。「よくがんばってるね」「どうだった」「授業がすごくうまくなったな」……そう声をかけられると自信にもつながります。がんばろうという気持ちにもなります。**まずはこまめに声かけをしてあげることが大きな励みになります。**

そして面談を通して、仕事はどうか、子どもや保護者のことで困っていることや悩んでいることはないか、周囲の教員との関係はどうかなど、本人から言い出しにくいようなことはこちらからも聞いてみるのもよいと思います。

若い教員は、校長に言うことで大事にならないか、自分の評価が下がらないか、などいろいろと思うところがあり、なかなか正直に言いにくい悩みもあるかもしれません。そんなことはないと伝えながら、聞いてあげてほしいと思います。校長に理解してもらっていることが励みにもなります。カウンセリングの気持ちで聞いてほしいと思います。

非常勤の教職員のアイデアを活かす

非常勤講師やスクールカウンセラー、スクールソーシャルワーカー、特別支援教育コーディネーターなど非常勤の職員もまた、子どものため、学校をよくするために思いを持って働いてくれています。

しかし、非常勤の職員は自分のアイデアを誰にどう伝えればよいかよくわからないことが多くあります。普段から校長が非常勤職員のいるところへ出向いていくことで、非常勤職員もアイデアを伝えやすくなります。非常勤職員は常勤の教職員とは異なる視点で学校を見ています。非常勤職員の案についても真摯に受け止め、良い案であれば実現に向けて検討することも学校をよくしていくためには大事なことです。

このように、**校長が教職員を支援する姿勢は教職員の意欲の向上につながる**ものです。ぜひ積極的に支援する姿勢を見せてほしいと思います。

COLUMN

ワンフレーズの校長学

信頼関係の構築編

- 校長はいざというときに動いてくれると思ってもらえることが必要。
- 教職員の話を聞く。きちんと聞く。忙しいときこそきちんと聞く。
- 相手の言うことはいったん受け止める、最初から反対しない。
- 自分が一番嫌いな人と一番よく話をすること。
- 誠実に対応すること。誠実ほど強いものはない。
- トラブルの後始末は自分が行う。教職員に迷惑はかけない。
- 校長室にじっとしていないで、出て行って教職員と話をする。
- 言うのは慎重に。言った以上はそれでいく、ふらついてはいけない。

第3章

信頼される校長 人物編

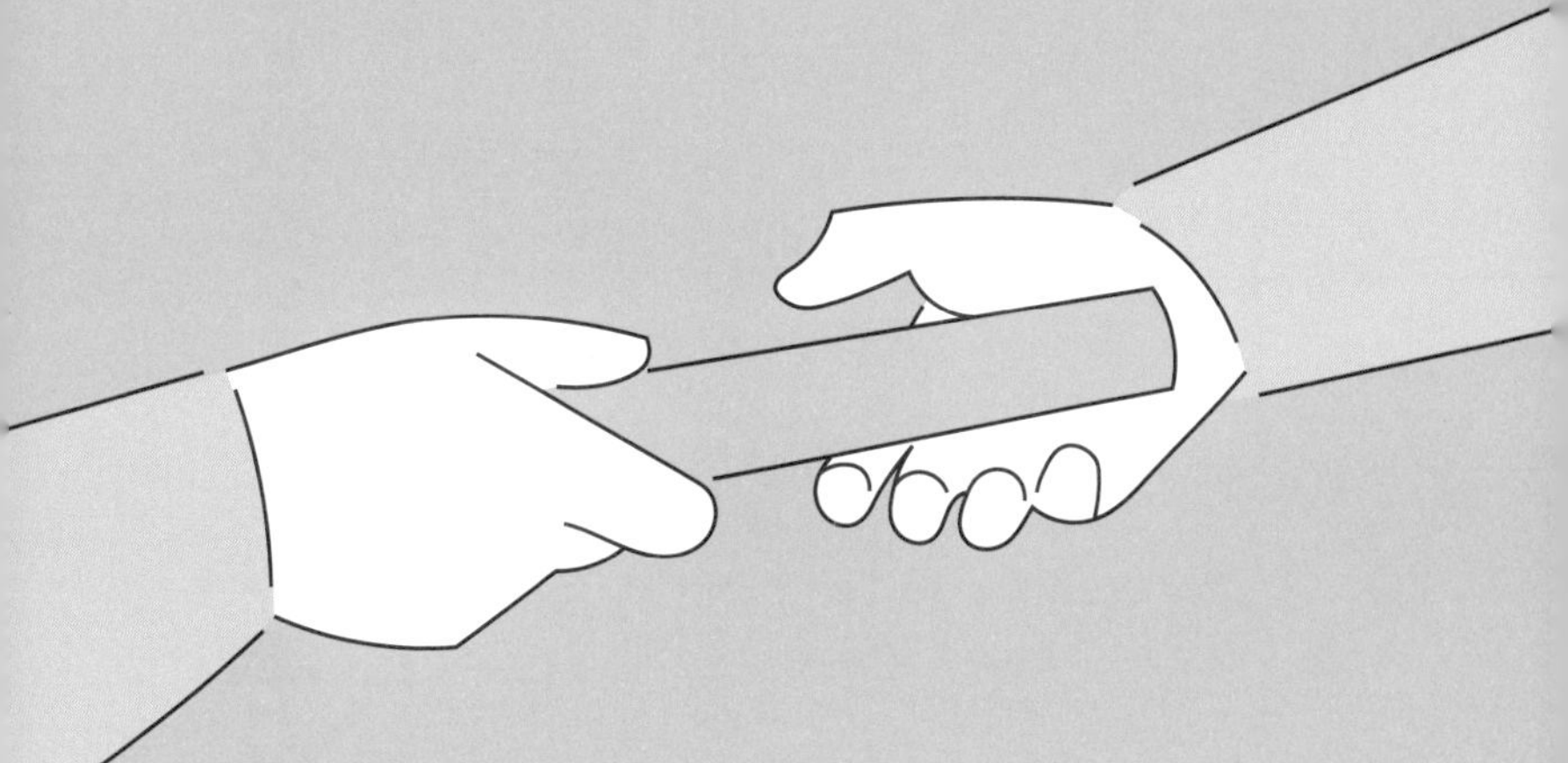

1 校長の自覚~品性と教養と人間的魅力~

「校長」という存在は、周囲からどんなイメージを持たれているのでしょうか。まじめな人、権威がある、お固い、包容力がある、何でも知っている、人格者……教職員、子どもたち、保護者、地域の人々、それぞれの視点から見た校長のイメージは少しずつ違っていることと思います。

でも、そのどれもが校長のイメージです。校長はいろいろな立場の人々からそれぞれのイメージで見られています。

校長は学校の顔です。いつも学校の看板を背負っています。

校長はいろいろなところに顔を出し、挨拶をし、話をしています。こちらは知らなくても、保護者や地域の人は校長の顔を知っています。

校長はいつ、どこで誰に見られているかわかりません。服装、表情、言葉づかいなどにも気をつけないと「あの人があそこの学校の校長……」という目で見られます。その自覚を持って、普段から身だしなみや立ち居振る舞いには気をつけていたいものです。

ルールやマナーについても同様です。横断歩道の信号が赤のとき、小さな道路で車が通っていなければつい横断したくなるものですが、誰が見ているかわかりません。きちんとルールを守る。そしていつも誰かに見られている、という意識が強く求められます。

「校長の言動」を周囲は見ている

校長であるという自覚を持つことは気恥ずかしいかもしれませんが、周囲は校長に対して一目も二目も置くとともに、その言動に注目しています。

発言はすべて「校長の発言」として捉えられますし、行動も同様に「校長の行動」として捉えられます。調子に乗って言う冗談や、酔った勢いの行動もすべて、校長の言動として見られています。

逆に言えば、目立とうとしなくても校長というだけで十分に目立っています。

まれに、偉そうにして「自分は校長だ」とアピールしている人がいます。教頭時代によほど苦労したからでしょうか。でも校長はそれだけで特別の存在、目立つ存在なのです。ことさらアピールをする必要はありません。アピールをすれば逆に不遜に見えます。校長はいつも謙虚にしているくらいでちょうどよいのです。

品性と教養

学校の顔である校長には品性と教養が必要です。

校長は教職員にとっては職場のトップです。子どもたちはもちろん、保護者にとっても、校長は子どもが通う学校の代表です。みんな、自分の学校の校長はよい校長であってほしいと思っています。

「私の学校の校長は何でもよく知っている」「僕の学校の校長は楽しい人だ」「うちの校長は若いよ」など、**校長の知らないところで校長のことを話題にしています。**

だからというわけではありませんが、校長は対外的にもよい印象を持ってもらえるように努めてほしいものです。

まずは身だしなみや立ち居振る舞い。これは決してむずかしくはありません。社会人としてのマナーの問題です。

また、品位を保つこと。品のない言動は慎みましょう。下品な校長は嫌われます。

そして教養です。校長が付き合いをする人の立場は様々です。保護者や地域の方々、同窓会、学校関係の業者、自治体や企業、議会の議員、NPO法人など多くの人々と話をするには、政治や経済、社会や世界の動き等、幅広い教養を持っておく必要があります。

いろいろな書物を読むことも大事です。ベストセラー本など自分には関係ないと思うかもしれませんが、世の中の流れ、流行を知る意味でも「多くの人が読んでいる本とはどのようなものか」という視点から読めば役立ちます。

幅広く、多くのことに興味関心を持ち、引き出しを多く持っておくことです。

人間的魅力

そのうえで、仕事以外のところでも人間的な魅力があれば理想的です。

仕事ができ、趣味も多く、話題も豊富、いつも健康で明るく元気、家族も大事にしているし、遊ぶこともできて付き合いも広い……なかなかそこまではできませんが、そうなればよいなと思います。

昔は「遊ぶことも大事」と言われたものです。「忙中閑《ぼうちゅうかん》ができたら遊びに行こう」ではなかなか遊べない、「忙中無理矢理、閑」と言われ、考え方次第でその分の時間は何とかなる。睡眠時間を削れば時間はできるし、無理にでも遊びに行く懐の大きさが管理職の器だと言われたものです。

このような考え方は、もはや令和の時代には合わないでしょう。大切なのは、仕事だけでなく趣味や教養を持って幅の広い、人間的にも魅力のある校長になるということです。

そして、**明るく元気に、はつらつと校長職をこなしている姿を教職員に見せてあげてください。**そうすればその姿にあこがれ、あなたのような校長になりたいと思い、後に続こうという者も出てくることでしょう。

2 校長としての熱い思い

初心忘るべからず

校長の辞令交付の日。緊張しながら辞令交付式に臨んだことを覚えている方も多いことと思います。まるで新入生のような気持ちで、これから先のことを考えると期待と不安が交錯する複雑な思いとともに、それでも「いよいよ校長になるんだ」という喜びが大きかったのではないでしょうか。

そして「今の気持ちを大事にしよう」「初心忘るべからず」、そう自身の胸に刻んだことと思います。その初心を忘れずに取り組んでほしいと思います。

あわせて**思い出してほしいのは、かつて管理職を志したときの初心**です。校長になった後も改めてそのときの初心を思い起こして取り組んでほしいと思います。

「管理職になる」とはどういうことか

管理職への道を歩み始めたとき、いろいろなことを考え、悩んだ末にこの道に一歩足を踏み出したことと思います。

「管理職になる」とはどういうことなのか。

それは、教職員をまとめて学校を運営し、子どもたちを育み、学校の発展に取り組んでいく立場になるということです。でも一方で、教室に立って授業をすることはなく、子どもたちから離れていくということでもあります。

授業や担任、部活動といった子どもたちとの関わりがなくなっていく……。

元来、教師を志す人の多くは子どもたちが好きで、授業や担任、部活動といった子どもたちと関わることが好きだからこそ教師になったのだと思います。それが原点であったはずです。

実際に管理職として十分な資質、能力や適性を持ちながらも、子どもたちと離れたくないから管理職にならないという教員は数多くいます。

校長になった教員の多くは、管理職選考試験を受けようと決意するまでには大いに悩んだことと思います。子どもたちの屈託のない笑顔や真摯なまなざしからどれだけ元気や勇気をもらったことでしょう。そんな子どもたちと離れていくことになります。

重責を担うことで迷惑をかけることがあるかもしれないと、家族会議もしたことでしょう。それでも最後は、大きな意味で子どもたちのためにあえてこの道を選ぶことを決断したわけです。子どもたちも「がんばってね」と応援してくれたはずです。

校長になった今こそ、まさに管理職の道を歩むと決意した際に描いた思いを実現するときです。かわいい子どもたちと離れることを決意し、理想の学校をつくっていくために一歩を踏み出した、あのときの熱い思いが初心のはずです。

あのときの初心をしっかりと思い起こして、決して忘れることなく、がんばってほしいと思います。辛いこと、苦しいこともありますが、そのときは背中を押してくれた子どもたちの姿を思い出してください。

1年目から積極的に動く

なぜ、管理職の道を選んだのか。改めてそれを胸に刻んで、情熱を持っていろいろなことに積極的に取り組んでほしいと思います。

そして、自分の熱い思いを具現化するために、**1年目から精力的に取り組んでほしいと思います。**

前任者や後任者のことはあまり気にする必要はありません。

1年目は学校の様子を見て過ごし、2年目は後任の人が動きやすくするために何もしない、そんな校長がまれにいます。これでは何もできませんし、何のために校長になったのかわかりません。

1年目でも実施できること、変えることができることはたくさんあります。なかには2年、3年かかるものもありますが、1年目だからこそできることも少なくありません。

そのためには、**校長になる前から、自身でこんなことをしたい、あんなこともしたいと温めておくことです。**そうすれば、校長になってすぐに取り組むことができます。様子を見ていると、どうしても区切りのいいときからの実施となってしまい、タイミングを逃してしまいます。

ただし、気をつけなくてはいけないことの一つに「学校文化」の存在があります。

学校文化は校長が替わったからといって簡単に変わるものではありませんし、簡単に変えてはならないものです。学校文化は学校の歴史のなかでじっくりと醸成されてきたものであり、ゆっくりと時間をかけて育てるものです。

校長はその学校文化を尊重しながら自分のカラーを出していけばよいのです。

「校長の学校」ではない

また、学校を自分のものと勘違いしないことです。

公立の学校は校長のものではありません。都道府県や市町村から預かっているだけです。何年かすれば次の校長に託すものです。都道府県や市町村の思いもありますから、校長の勝手な思いで勝手な方向に進められても困ります。大きな舵取りをしたいと思うときも必ず設置者である教育委員会と相談し、了解を得て進める必要があります。

「不易」と「流行」を捉え、熱い思いで取り組む

校長職は大変な仕事です。「こんなはずじゃなかった」と思うこともあります。「もっと違うことをやりたかった」と思うこともあるでしょう。

思いはいろいろありますが、後を向いていても仕方がありません。前向きにがんばってほしいと思います。

「今の教育現場を変えたい」「○○市の教育をよくしたい」「○○教育を推進したい」「子どもたちにこんな力をつけさせたい」など、熱い思いを持って仕事をしてほしいと思います。もちろん多くの困難はあります。そのときにくじけずに歯を食いしばって奮起するためには、熱い思いが必要になります。

やらされ感で仕事をしていては、よいアイデアも沸いてきません。前向きに取り組んでこそ充実感や達成感、成就感のある仕事ができます。前年の踏襲ではなく、自分なりにその内容を飲み込み、腹を据えてから、そのままでよければそれでよし、変えるべきところがあれば変えていってほしいと思います。

この変化の激しい時代、周囲はどんどん変わっていきます。学校教育の取組もそれにあわせて絶えず変化していくべきです。周囲が変わるなか、昨年度と同じことをしていればすでに遅れをとっているということになります。そういう意味でも、**変えるべきところがあれば変えていかねばなりません。**

一方で教育には不易の部分もあります。**あえて変えてはいけないこともあります。**その判断をしっかりしながら取り組んでほしいと思います。

大変な仕事ではありますが、熱い思いを持って仕事をしていけばやりがいを感じ、充実した仕事ができるはずです。

ぜひとも、**1年目から熱い思いを持って積極的に学校運営をしてほしいと思います。**校長を選んだ教育委員会も、それを期待しています。

確固とした教育理念を持つ

校長になれば、「どのような学校をつくりたいか」「どのように学校運営を行うのか」といったことを聞かれる場面が多くなります。

「本校の教育目標は……」「どのような子どもを育てたいのか……」「学校のグランドデザインは……」「生徒指導の基本は……」など、**自身の教育理念をしっかりと持っておく必要があります。**

そうした一連の教育信条の根幹に何を据えるのか、背骨の部分をしっかりと持っておくことも必要です。それをしっかりと持っておけば、大きくぶれることもありません。

こうした教育理念を確立していれば、それが普段から物事を判断する際の基準にもなります。それがない校長は、その時々で考えがぶれ、教職員が右往左往させられることになります。

一本筋の通った理念の下に教育活動を展開していくことで、体系的な取組ができ、教職員も理解しやすく、そのつど校長が指示しなくても教職員が自ら考えて行動することができるようになります。

常日頃から教育理念について、できるだけ自身の考えをまとめ、ノート等に記録しておくことも有効です。そうすることで、自分の言葉でまとめていくことができ、人に対しても自分の言葉で説明することができます。

3 校長として、夢と理想を語る

校長は夢を語ること、理想を語ることです。

大きな夢や理想を語ることが、教職員の気持ちを鼓舞します。グローバル化や高度情報化が進み、社会の変化が激しい時代です。これからの子どもたちは、先行きの読めない不透明な社会で、人生100年時代とも呼ばれる時代を生きていくことになります。

「時代の変化に柔軟に対応し、たくましく生き抜いていける力を培おう」「AIの時代にはなるけれど、自分で考え判断し、行動できる子どもたちを育てよう」など、自分なりの理想をもとに、学校運営を進めてほしいと思います。

今、教育課題は山積し、教職員は疲弊しています。そんなときに校長も同様に日々の課題に追われうつむきながら仕事をしていては、学校の士気は衰えてしまいます。

どんなときも、校長は教職員や子どもたちに明るい希望の光を与えられなければなりません。校長自身が夢や希望を持ち、それを語ることで、教職員も子どもたちも勇気づけられるものです。

「学ぶとは胸に誠実を刻むこと　教えるとはともに希望を語ること」。

フランスの詩人ルイ・アラゴンの言葉です。「学ぶ」ことに誠実であるとともに、「教える」ことを通じて「ともに希望を語る」。そんな校長でありたいものです。

4 水面下の努力～校長は陰で汗をかく～

管理職はよく汗をかきます。どのような汗をかくか、その汗をいつ、どこでかくか、です。結局はどこかで汗をかくことになるのですが、後になってかく汗や見えるところでかく汗はあまりいいものではありません。どうせかくなら、できるだけ爽やかな汗をかきたいものです。

先にかく汗

「楽は苦の種、苦は楽の種」ということわざがあります。

最初に楽をしていると、あとでツケがきてしんどい思いをする。しんどくても先にがんばっておけばあとが楽になる……。

たとえば、夏休みの宿題はすぐにやれば早く終わりますが、とりかかりが遅いと授業の内容自体を忘れてしまっていて、よけい時間がかかるものです。

自由研究も先に始めると時間がたっぷりあり、さらにアイデアが出てきてよいものができますが、締め切り間際に始めると時間がなく、焦ってきてアイデアも浮かばず、アイデアが出てきても手遅れで間に合わない……結局お粗末なものになってしまいます。

仕事面でも、先に汗を流すことでうまくいくことが多いものです。

事前の調整に汗をかく

たとえば、何か新しい企画を提案したいとき、どう進めるかを考えてみましょう。

いきなり大きな会議に出すのは危険です。人は保守的になりやすいので、急に提案されたとき、大きな事案であれば「ちょっと待って」となりがちです。中身がよくわからなければ安全志向から慎重になりますし、質問や課題、疑義が出ることもよくあります。会議の場で十分理解してもらえずに否決されてしまえば、せっかくの新企画もボツになってしまいます。

また、当初考えていたものと違う形で決まってしまうと、その後の修正にはより大きなエネルギーが必要になります。

会議に出す前に、まずは事前に関係者に話をすることです。「こういうことを考えているのですが」と相談する形をとるのがよいと思います。関係者の理解を得ておけば、会議でも「ああ、その話は聞いています」とスムーズに話が通ります。

また、事前の相談という形で話をしますから、課題も指摘してもらえて改善案を考えることができます。会議で議論になりそうな点も先に準備ができます。

逆に、この段階でダメと言われるようでは会議に出してもダメです。大きな取組であれば、関係する分掌や教職員だけでなく、教職員団体やPTA、同窓会、地域の自治会、場合によっては教育委員会にも意見を聞いておく必要があります。

事前に汗をかいて調整するなかで、企画自体も多方面からの意見をふまえてブラッシュアップできますし、理解者、支持者も増えていきます。このような状態で会議に出せば、あとは意外と汗をかかずにスムーズに決まっていくものです。

また、**人間は感情の動物**です。自分が関係することについては、事前に話を聞かされていないというだけで反対したくなるものです。その感情を大切にしていくことで、うまくいくことが多くなります。

事前の目配り、気配り、心配りで汗をかくと、あとが楽になります。時間はかかりますが、何事も先に汗をかくことであとがスムーズに進みます。急がば回れです。

苦情対応に汗をかく

苦情は突然やってきます。そんなとき、**何とかその場をしのぎたいと楽をすると、のちに大きな禍根《かこん》を残すことがあります。**

その場をしのぎたいがために、できるかできないかわからないのに「わかりました、そうします、検討します」と言って適当な対応をすると、その場は収まってもあとが大変です。求められたことに対応しようとすると教職員から猛反対にあい、どうしようもなくなり、その収拾のためによけい大きな汗をかくことになります。

どんなに大変で時間がかかっても、丁寧に話を聞きながら、**譲れないところは譲らないこと**です。そこで懸命に汗をかけばその日で終わります。その場しのぎの対応をすれば、後日もっと多くの汗をかかないといけなくなります。

結局、**どこかで汗をかかないといけないことになるなら、先に汗をかく**ことです。事前にかく汗は事後にかく汗よりも少なくて済むことが多いですし、事後にかく汗は、冷や汗であったり、脂汗であったり、よい汗にはならないものです。

水面下でかく汗

みんなの見ていないところや知らないところでかく汗は尊いものです。見えないところで汗をかいて、見えるところでは堂々としている方が校長らしく見えるものです。

「水面を優雅に泳ぐ白鳥も、水面下では一生懸命足をもがいている」と言われます。校長も同様で、表面的には堂々としながらも、水面下での努力が求められます。

まずは勉強です。**法令や規則、そして教育課題についてきちんと勉強することです。**とくに教育に関する法令の必要性については、言うまでもありませんが十分熟知しておいてほしいものです。

何かトラブルになったときに、法をふまえて行動する場合と、知らずに行動する場合の結果は雲泥の差になります。

生徒指導を含め何事もそうですが、**法令が前面に出てくる場面というのは決して良い場面ではありません。**裁判にならないまでも「訴訟にするぞ」という言葉が出てくることも多々あります。そんなときでも、きちんと法的な裏づけのもとに対処していれば何も恐れることはないのですが、そうでなければ不安になり、自分の発言に自信がなくなります。

服務監督の基礎も勉強から

教職員に対しての服務監督という点では地方公務員法や労働基準法といった法令に基づくことになりますが、いちいち杓子定規に法令を持ち出していては嫌われてしまいます。かといって法令に疎い管理職でも困ります。

本校の勤務時間は何時から何時まで、休憩時間は何時から何時まで、休憩時間の3原則等々、きちんと知ったうえでの服務管理です。とくに今の時代は保護者や周囲の人の意識も高くなっていますから、納得のいく説明を求められたり、訴えを起こされたりすることも少なくありません。教育委員会でも多くの訴訟を抱えています。そのような時代になっているということも認識しておいてほしいものです。

こうした法令や規則を勉強するには、各教委がまとめた教育法令集や教育法規の解説書などを座右の書にして、常に根拠を確認しておくことです。

おすすめの勉強法をここで紹介しておきたいと思います。

教育法令集の必要な部分にインデックスをつけるとともに、重要な箇所にはマーカーで線を引いておきます。また、気になった箇所や読み返したい箇所には付箋を貼っておきます。数年たって新しいものが出たら、同じインデックスをつけるとともに、付箋を貼っていた部分を新たなインデックスとして追加します。そして、今までと同じ箇所にマーカーで線を引きます。追加で気になるところがあれば、マーカーで線を引いてください。

これはけっこう時間のかかる作業で、丸一日はかかります。でも、数年に一回は必ず条文を読み、マーカーの線を引くことになります。すると買い換えるごとに変更部分がよく分かりますし、線を引く部分も増えていきます。そうしているうちに、主な内容は自然に覚えていきます。インデックスも毎回増えていくので「これだけ勉強したんだ」という気持ちにもなります。大変ではありますが効果は大きいので、ぜひやってみてほしいと思います。

また、**教員が弱いのはお金の面です。**給与等についても比較的疎《うと》い部分です。**校長は学校のお金を管理する事務室や事務職員のこともしっかり把握しておく必要があります。**何も知らないと事務室や事務職員を指導することもできません。いつも事務長や事務職員任せというのではなく、事務関係のことでも指導すべきことは指導できないといけません。

教員に事務のことを聞かれることもあります。「わからないから事務で聞いてほしい」と言うこともできますが、事務のことでも答えられる方がより信頼もされます。そういう意味でも、しっかり勉強してほしいと思います。

最新の教育課題を追う

そして教育課題です。様々な課題について精通するのは難しいですが、認識しておくことは必要です。

激しい社会の変化にあわせて教育課題も動きます。そして新たな課題が出てきます。こうした課題をわかりやすく把握するには、『教職研修』などの教育雑誌や教員採用試験用の参考書も有効です。教育時事についても簡潔に課題や対応をまとめてくれています。週刊新聞や月刊誌にもいろいろありますが、どれか一冊を定期購読することをおすすめします。書店で購入しようと思っていると、ついつい忙しくて買わなくなってしまいがちです。

教育課題については教職員もまだまだ弱い部分があります。

校長が率先して課題を認識し、教職員をリードしていってほしいと思います。

学び続ける校長に

校長の辞令をもらえばそれで校長ができるというものではありません。運転免許と同じです。最初は全く自信がなくゆっくり走り、車線変更も控えます。そこから徐々に経験を積みながら一人前に運転ができるようになります。

校長になるための勉強だけでなく、校長になった後も、もっとよい校長になるための勉強を続けてほしいと思います。

教員が常に学び続ける教員であってほしいのと同様に、校長も学び続ける校長であってほしいと思います。

人間関係の構築に汗をかく

そして普段の人間関係です。自校以外の関係者との連携も密にし、メールや手紙もこまめに発信し、返信をすることです。そうやって関係を築いていくことで、こまめに情報収集ができるとともに、いつでも相談できたり、いざというときに助けてもらったりすることができます。根回しや調整をするときにも、水面下で関係者から意見を聞いたり、話を通してもらったりすることができます。

新しい取組を始めたいとき、何かを判断するとき、他校はどのようにしているか、教育委員会はどう考えているか……普段から関係を構築できていると、電話一本がかけやすくなりますし、情報を教えてもらいやすくなります。あまり関係を築いていない人に比べて、**情報収集力に大きな差が出てきます**。

１００人とネットワークをつくることも価値がありますし、１００人を知っている1人と密接な関係をつくることも貴重です。

人との関係づくりは単に情報収集に役立つだけではなく、様々な人から学びを得ることができます。**「人みな師なり」**といいますが、多くの人と交わることで多くのことを学ぶことができ、大きな財産になります。

普段から一つひとつの付き合いを大切にすること。こまめにお礼のメールを送ったり、身体を気づかう文章を加えたり、これも一手間をかけていくと汗を伴います。

見えないところでの努力、**教職員の知らないところで汗をかく**ことはとても大切です。教職員に信頼してもらうには、それだけの汗をかくことも時には必要なのです。

5 硬軟併せ持つ、清濁併せ呑む

校長に求められるのは硬軟併せ持つ人間の幅、清濁併せ呑む度量の大きさです。

校長がまじめ一徹で融通がきかない堅い人だと、周囲の人は息苦しくなることがあります。もちろんまじめで誠実であることはとても大切で、校長として絶対的に必要な条件です。しかし、もともと校長はまじめでお堅い人種と思われがちです。そんなつもりはなくても、なんとなく話しかけづらいと周囲から思われている場合も少なくありません。

教職員とのコミュニケーションが大切、といっても話しづらい雰囲気が出ていては教職員も近寄ってきません。

そういう意味で理想を言えば、冗談も言い、場を和ませられるユーモアがあるとよいでしょう。腰が低く話しやすい、何でも相談できる校長であることで、様々な情報も入ってきますし、教職員との関係も構築しやすくなります。**冗談が苦手なら、ニコニコしているだけ**

でも十分です。明るく楽しそうなオーラがあれば教職員は近づいてきてくれるものです。

真面目で楽しい硬軟併せ持つ人は人間的魅力にあふれています。みんなから好かれ、愛される人物です。

柔軟に対応する力

その時、その場に応じた柔軟な思考力、そして臨機応変な対応ができることも必要です。「柳のようなしなやかさ」「うまく交わす術」といったものです。**法令や規則を遵守しながらも、杓子定規に受け止めるのではなく、柔軟な解釈をしてうまく運用するということです。**

学校現場には法律や条例、規則、また国や県からの通知など、多くの制約や指示があります。学校現場はそれらに従わなければなりません。ただ、現実にはそのとおり実行するのは困難なこともあります。そんなときに上手く対応する術が校長には必要です。

物事の解釈のしかたはいろいろあります。**教職員や子どもたちの側に立ってうまく対応するということが求められます。**

泥をかぶる覚悟

校長自身が清廉潔白であることも、信頼を得るための絶対的必要条件です。

一方で、時と場合によっては濁った水を呑まざるを得ない場面があるかもしれません。**子どもたちや教職員のために、自分の職を賭けて臨まないといけないこともあります。**墓場まで秘密を持って行かざるを得ないこともあるかもしれません。そんなときに臆することなく対峙する、そういう度量の大きさを求められることがあるかもしれません。

子どものことを考え、教職員のことを考え、学校のことを考える。その結果、**校長一人が悪者になるという場面もあるかもしれません。**自分は悪くないのに責任を負わされる場面があるかもしれません。周囲に誤解されても沈黙すべきときがあるかもしれません。

どんなときも自分の中の正義や信念を大事にし、自分に恥じない言動が求められます。弱い自分に負けない強さを持っていてほしいと思います。

6 鳥の目、虫の目、魚の目、蝙蝠の目

「鳥の目」はマクロの視点で、虫では見えない広い範囲を、高いところから俯瞰する目。

「虫の目」はミクロの視点で、近いところで複眼をつかって様々な角度から注意深く見る目。

「魚の目」は水の流れや潮の満ち引きを、つまり世の中のトレンドを敏感に感じる目。深く潜って水面には現れていない事象を掴むこと、という言い方をされる場合もあります。

そして「蝙蝠《こうもり》の目」。コウモリはいつも天井にぶら下がって逆さまにものを見ています。つまり逆の発想でものを見る目のことです。

「鳥の目」

たとえば、階段はひとつ上るごとに見える景色が広がっていきます。学校の階段も1段ずつ上っていくと次第に世界が広がっていきます。

1階からは近隣の建物しか見えませんが、5階に行くと海が見え、「こんな場所に本校は建っているんだ」ということがわかります。また、場所を変えて見てみると今度は山が見えるというふうに、立ち位置が変われば見えるものは変わってきます。

役職にもそういうところがあります。係長、副課長、課長と昇進していくにしたがって、関係する世界が広がっていきます。

「上司はどう考えているか、どのような景色が見えているか」という視点に立って物事を進めていかないと、自分だけの考えや企画を持っていっても、上司の考えと異なっていて「これではダメだ」ということになります。

常に一つ上の高い視点から広い視野で考えることが肝要です。それが「鳥の目」です。

「虫の目」

子どもたちや教職員一人ひとりの声、学校の実情を大切にするミクロの視点も必要です。

学校教育は子どもたちのための教育です。まずは子ども目線を大切にすることを忘れてはいけません。そして、そのために教職員は日々教育にいそしんでいます。子どもたちのことを一番わかっている、そんな教職員の思いも大切にしなければなりません。「これはよいアイデアだ、保護者も喜んでくれるからぜひ実行したい」と思っても、肝心の実動部隊である教職員の労力のことを全く考えていなかったために反対される、ということもままあります。

足下をしっかり見据えて取り組むことも重要です。

現場を大切にし、子ども一人ひとり、教職員一人ひとりを大切にするミクロの視点、それが「虫の目」です。

「魚の目」

アンテナを高くして、様々な情報を収集することも大事です。

変化の激しい先行き不透明なこれからの社会、それをふまえた教育の方向性、政治や経済の動向、他校で行われている取組など、そうしたことがすべて自校の教育に影響を与えることになります。

自校に関わる事件や事故が起こった場合も同様です。

このあとどんな動きになるのか。その次は、そのまた次の展開の予想は。保護者にはどう説明する、マスコミは、教育委員会は……落としどころを読み、戦略を考える。先の先を読んで、このことが次にどのような動きに発展するかを読むことです。

先のことを考えず、その場をしのぐことができたとしても、そのあとのリアクションを予測しておかないと、もっと大変なことになるかもしれません。

先のことをしっかりと考えておくことが大切です。そうした動きを読んで一歩先の対応を考えていくこと、それが水の流れを読む「魚の目」です。

「蝙蝠の目」

ときには蝙蝠のように**逆の視点でものを見る目**も求められます。

コロナ禍では今までの「当たり前」が当たり前ではなくなっていました。非常事態の中ではありましたが、出張しなくても事は足りた、休校時でもオンラインで授業ができたといった具合に、考えたことのない事例がいくつもありました。

「当たり前」に疑問を持つことで新たなアイデアがわいてくるかもしれません。それが「**蝙蝠の目**」です。

このように、様々な視点で物事をとらえることです。相手はどう思うか、保護者はどう受け止めてくれるか、教育委員会は何と言うか、地域や社会はどう考えるか、社会情勢に鑑みてどうなのか……校長は多面的・多角的な視点で物事を捉えることが求められます。

7 校長は学校の太陽 ～プラス思考でいつも明るく～

失敗しても、トラブルがあっても、校長がいてくれたら相談もでき、助けてくれる。「何かあっても、校長に相談すれば何とかなる」と思えるような校長がいれば、教職員の気持ちは楽になります。

「校長は学校の太陽」です。

学校の教職員にも辛いこと、苦しいこと、大変なときがあります。でも、いつも校長が元気で前向きであれば、教職員は不安になりません。

もちろん、校長も人間です。心の中では「どうしよう……」と不安でたまらないときもあります。しかし、それを顔に出せば、職員はもっと不安になります。

危機の最中《さなか》でも校長が堂々としていれば、職員が浮き足立つことはありません。

いつも「明るく・楽しく・前向きに」。この頭文字をとって「ATM」をモットーとしていた校長がいました。校長はどんなことがあっても下を向いてはいけません。何事もプラス思考で考え、胸を張っていつも前を向いていること。そんな校長の姿勢が教職員に希望を与えます。

校長は何も言わなくても、その存在だけで教職員に光を与えている、温《ぬく》もりを与えている、そんな学校の太陽であるという自覚が大切です。

校長が言ってはいけない三つの禁句

先輩校長に教えられたのが、次の三つを絶対口に出さないということです。

①愚痴《ぐち》を言わない

校長がいつも愚痴をこぼし、ぼやいてばかりだと、教職員はよい気分がしません。職場の雰囲気も悪くなり、やる気もなくなります。教職員は校長から愚痴を聞かされてもどうしようもありません。「そんなに愚痴を言うくらいならそもそも校長にならなければよかったでしょう、校長にぼやかれてもどうしろというんですか」という話です。

②「疲れた」と言わない

「疲れた」「しんどい」。同情はできるにしても、だからといってそればかり聞いていると、聞いている側も疲れてきます。

③文句を言わない

文句も同じです。教職員は「ここで文句を言っていないで、直接言ってやったらよいじゃないですか」と思っています。直接文句も言えずに教職員に聞いてもらっていても、器の小さい校長と思われるだけです。どうにもならないことは文句を言っても変わりません。

必要なのは教職員からの「信頼」

辛いこと、苦しいこと、悩むこと、疲れること……校長は精神的に大変な思いをすることが多々あります。でも、すべて自分の肥《こ》やしです。感動の種です。いつか解決の日が来ますし、終わる日が来ます。いろいろな悩みも疲れも愚痴も、教職員の前では決して顔に出さないことです。心の中は泣いていても、怒っていても、いつも明るく元気でいることです。

校長がいてくれるだけで職場に安心感がある、何か事が起こっても校長がいてくれたら何とかなる……そんな頼りがいのある、安心感のある校長であってほしいと思います。

それは、教職員が校長を信頼できるからこそ言えることでもあります。

信頼される校長こそ、職場に安心感を与える太陽のような存在になれるのです。

ワンフレーズの校長学

生徒指導編

- 児童・生徒が舞台の中心にいること。
- 子どもが中心、子どものためにやることが自分のためになる。
- 子どもに責任のないことは、子どもに負わすものではない。
- 校門に立って、登校する子どもの顔を見る。
- 子どもを知り、そこから考えていく。
- 職員朝礼が終われば、遅刻しそうな子を校門で迎える。こちらから挨拶していれば、そのうち子どもの方からも挨拶してくれる。
- 職員会議で名前が出るような子はみんな覚える。

第4章

信頼される校長 学校運営編

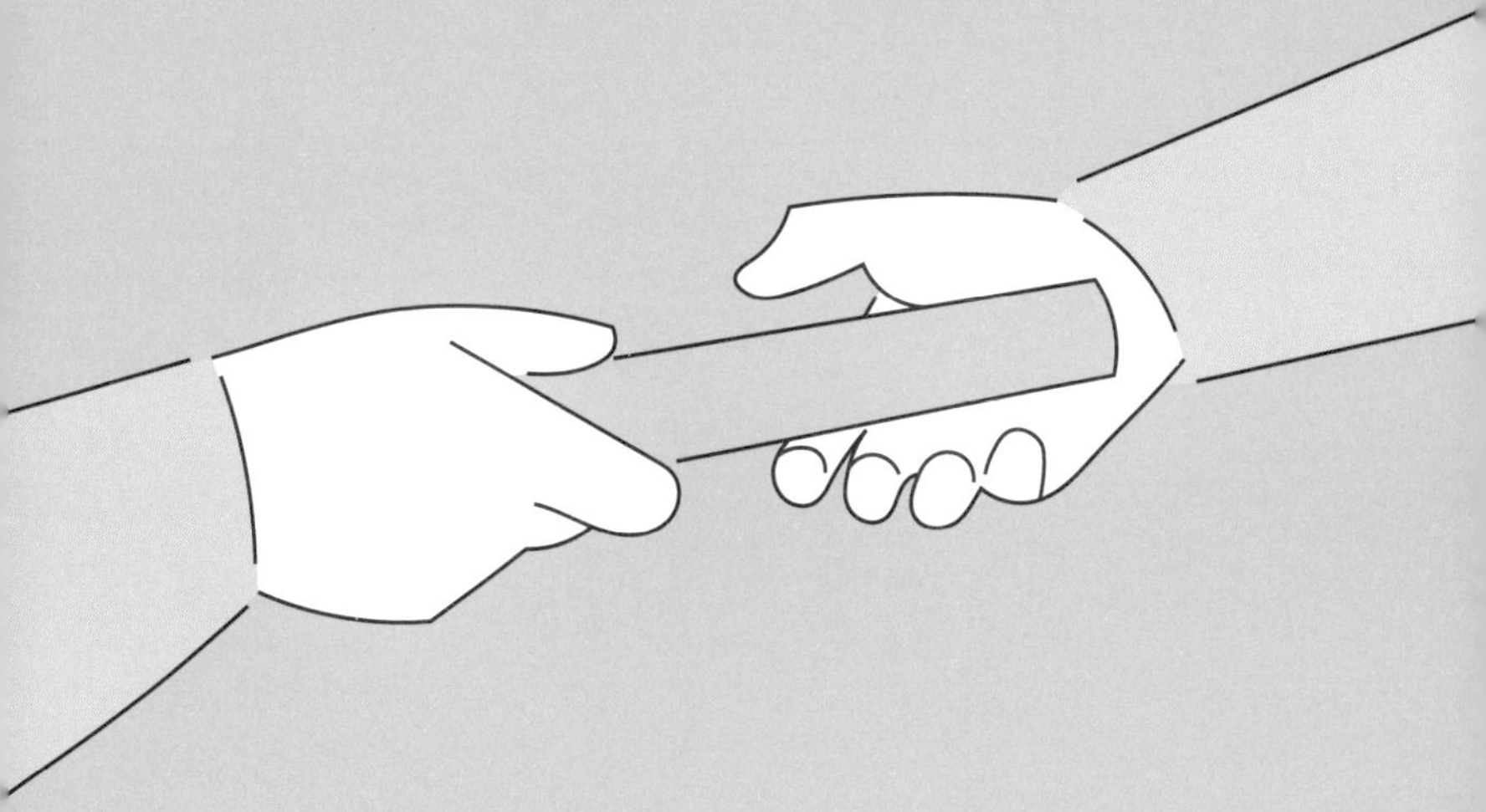

1 学校を熟知する、学校を愛する

校長は学校の代表です。自校のことは何でも知っている必要があります。

どのような経緯で学校が設置され、これまでどのような歴史があったか。学校の主な沿革を知っておくことです。校外からの来客に質問されて「よく分かりません」では、少し恥ずかしいものです。

また、教育課程や子どもの数、教職員数などはもちろんのこと、学校の予算規模、学校の敷地面積など、教育機関としての学校の管理に関わることも知っておきたいものです。

校長は多くの人と関わりを持つことになりますが、話のきっかけとして学校の話題が出ることも多くあります。何を聞かれても説明できるようにしておきたいものです。

学校のことを熟知するポイントは「学校を愛すること」です。

校長になれば子どもたちや教職員、校舎など、学校のすべてが愛おしくなるものです。

　また、校長は学校全体の管理責任者です。子どもたち、教職員、校舎、植木や門扉《もんぴ》、釘一本にいたるまでのすべてに管理責任があります。大変だと感じるかもしれませんが、校長として学校運営に日々思いを馳せていくうちに、すべてを愛する気持ちになっていくものです。学校を好きになっていけば、学校のことをもっと知りたくなります。好きなものについて調べることは苦にはなりません。


　校門に立って学校を眺め、感慨に浸ってみてください。あなたに託されたこの学校を隅々まで見渡してみてください。校内をゆっくり歩いてみてください。

　きれいな花が咲いている。でもその後ろには、花を慈しんで毎日手入れをしてくれる校務員がいる。

　グラウンドでは子どもたちが元気に走っている。でもその後ろには、毎日子どもたちに真摯に向き合う教員がいる。そして家庭で子どもたちを育んでいる保護者がいる。

　登校時には地域のボランティアの人々が子どもたちの通学を見守ってくれている。

　職員室では教員がプリントのコピーをしている。でもその後ろには、用紙を購入し、コピー機のメンテナンスを手配してくれている事務職員がいる。

　保健室の前の掲示板には、養護教諭がつくってくれた保健だよりが掲示されている。

このように、学校のすべてのものが誰かの手によって成り立っているのです。そんなことを思うと、学校や学校を取り巻くすべてのものが愛おしく感じられるようになります。毎朝校門で交わす子どもたちとの挨拶も「今日、子どもたちはどんな一日を過ごすのだろう」とわくわくしてきます。

子どもたちや教職員、校舎や敷地内のすべてのもの、そして保護者や地域の人々にまで愛おしい気持ちがわいてきます。ぜひ**学校に関わるすべてを愛してほしいと思います。**

教職員を愛する

とは言っても、教職員にもいろいろな人がいます。難しい人、課題のある人もいます。校長の中にはそんな人を何とか排除したいと、異動の時期に教育委員会に哀願する人もいます。でも、どの人もみんな良い人です。「この人がいなかったら学校がよくなるのに……」と思う瞬間があったとしても、面談をしてよく話を聞いていると情もわいてきます。その人なりに一生懸命生きているのがよくわかります。校長になると職員一人ひとりが愛おしく思えるようになります。

学級担任をしていると、いろいろな子どもと出会います。成績優秀な子もいれば問題児もいますし、明るく元気な子もいればおとなしくて寡黙な子もいます。でもみんな愛しいクラスの子どもです。「この子はクラスから出て行ってほしい……」などとは思わないものです。自分の子どもも同じです。反抗期で生意気で、本気になってケンカをすることもありますが、やっぱりかわいい我が子です。

課題のある子どもがいてもその子どもを排除するのではなく、担任としてその子どもを何とかしたいと思うのと同じです。その子のいいところを見つけ、認め、自信を持たせてやりたいと思います。そんなふうに教職員にも愛情を持ってほしいと思います。

学校のすべてに愛情と感謝を

そんな思いは、次第に学校のあらゆる部分に広がっていきます。

校舎が壊れていたら修理したい、敷地の法面《のりめん》に雑草が覆い茂っていたらきれいにしたい、図書館の机が古くなっていたら新しくしたい、教材・教具が不足していたら買い足したい、教員の授業力を向上させてやりたい、執務環境も改善したい……よくないところがあればよくしたいという気持ちが大きくなっていきます。教育委員会に要望したり、教職員で一緒に取り組んでみたり、何とかしたいと思うようになっていきます。

もちろん、実現できることとできないことがあります。でも、その気持ちは学校を愛する気持ちから生まれる尊いものですし、その気持ちは教職員や子どもたち、保護者にも伝わります。

校長が学校に関わるすべてのものを愛おしく思うこと。そしてすべてに感謝の気持ちを持って取り組んでいくことが、学校の組織力を高めていくことにもつながるのです。

2 情報の共有、プロセスの共有と「ホウレンソウ」

教職員が一丸となって取り組むためには情報の共有が不可欠です。学校の教育方針や子どもの情報、生徒指導の際の対応など、**教職員全員が情報を共有し、共通理解を図る**ことで全員の足並みがそろい、誰もが同じ対応をとることができます。

とくに問題行動に対する対応は、教員間で足並みが乱れれば子どもや保護者に不公平感・不信感を与えます。配慮を要する子どもについても、誰もが同様の配慮ができるように共通理解をしておく必要があります。

また、外部からの問い合わせには、誰が応対しても学校として同じ回答をすることが求められます。

教職員が持つ情報、子どもや保護者からの情報、こうした情報を共有することで仲間意識も醸成され、組織が一枚岩となっていきます。

プロセスの共有も大切です。

大きなプロジェクトを進める際は、教職員の参画意識を高めるためにも進捗状況の報告をこまめに行う必要があります。途中経過を報告することで、そのつど意見を吸い上げることもできます。教職員が学校の動きを理解することで風通しもよくなり、「あの部署は何をしているのかよくわからない」といったことも少なくなり、組織の透明化を図ることもできます。

職員会議や朝の打ち合わせといった機会を通じて、校内の出来事や教育委員会の動き、教育の方向性などの情報提供を行うとともに、途中のプロセスについても可能な範囲で伝えていくことです。

また、近隣住民から聞いた子どもについてのよいエピソードを紹介するなど、小さなこともこまめに情報提供してほしいものです。情報を共有することは、仲間意識を醸成するためにはとても大切です。

もちろん全員に共有する必要のないこともありますし、一部の人間だけに留めるべきものもあります。普段から情報提供が密であれば、そのことで不満が出ることはありません。

こうした情報・プロセスの共有とともに**「ホウレンソウ」**も徹底したいものです。

「ホウレンソウ」すなわち**「報告・連絡・相談」**はビジネスの基本です。

これができていないと教職員間の意思疎通がうまくいかず、仕事の効率が悪くなったりトラブルが起こったりする可能性が高まります。いわば動脈硬化に陥っているようなものです。職場に活力がなくなり、仕事に対するモチベーションも下がりかねません。

お互いが「ホウレンソウ」を心がけることで、活気のある風通しのよい職場になり、情報やプロセスの共有もスムーズになるのです。教職員間の意思の疎通をうまく進め、お互い相談しあうことで悩みも解決しやすくなります。みんなが仲間意識を持ち、同じ方向を向いて取り組んでいくためにも「ホウレンソウ」はとても大切です。

校長がその重要性を伝えるとともに、自ら率先して教職員に対する「ホウレンソウ」を心がけ、「ホウレンソウ」をしやすい環境をつくっていきましょう。

「ホウ」＝報告

たとえば、依頼された仕事が予定より時間がかかりそうなときは、依頼した人も「どうなっているのかな……」と心配になるものです。**途中経過を報告する**ことで、依頼した人も安心できるし、応援や相談に乗ることもできます。

ネガティブレポートも大切です。「異常ありません」「問題ありません」と、何も起こっていないことを報告することですが、これは**危機管理の第一歩**とも言われています。

慣れてしまえばそう難しいことではありません。ネガティブレポートは相手に安心を与える報告でもあります。「便りがないのはよい便り」ではなく、**何もないことをきちんと連絡する習慣**を身につけたいものです。「無事に終了しました」「先ほど皆さんお帰りになりました」などの完了報告も大切です。

また、**悪いニュースほど早く報告すること**です。フランスのナポレオンは就寝の際に「良い報告は翌朝でよいが、悪い報告なら即刻我を起こせ」と言ったと伝えられています。

悪いニュースほど早い対策が必要です。マスコミが取材に来るような内容であれば、それこそ朝一番で家まで押しかけて来ることもあります。そんな場合は夜中でも報告することです。時を選びません。そうすれば、夜明けまでの時間に対策を考えることができるからです。

ミスや失敗などでトラブルが生じた悪いニュースの場合も、緊急性を要します。とくに自分が失敗した場合や責任がある場合は報告しにくいものですが、悪いニュースほど勇気を持って早く伝える必要があります。

そして、学校に関する悪い事案は早く教育委員会へ報告しておくことです。教育委員会側も先に情報を知ることで対応策を考えることができ、直接教育委員会に話が及んだときでも「はい、その件は学校から聞いています。今こういう対応をしています」と先手を打って話ができます。そのとき初めて聞く話であれば、そこで後手になります。このことは学校内でも同様で、何かあれば先に校長の耳に入るように教職員にも徹底しておくことです。

逆に教職員に隠しきれない事案であれば、マスコミなど外部から教職員の耳に入る前に校長が伝えるようにしましょう。「校長は教えてくれなかった」という教職員の不信感につながると、その後の対応に影響が出て足並みが揃わなくなることもあります。

また、窓口を一本化するなどの対応策も伝えておくことが必要です。

「レン」＝連絡

大切な連絡は伝言漏れや連絡ミスがないよう確実に伝えることです。連絡が届いていない人がいると、「そんなことは聞いていない」というだけで人間関係がギクシャクしてしまうこともあります。

学校のことであれば、場合によって教育委員会やＰＴＡ、同窓会、地域の関係者などにも連絡する必要があります。常日頃から連絡先のリストをつくっておくと便利です。

また、連絡を人に頼んだ場合も事後の確認が肝要です。連絡がとれなかったため後回しにしていて、そのまま忘れてしまうということはままあることです。最後の詰めが大切です。

本来は頼まれた人が、連絡を終えたことや、連絡した際の相手の反応について報告する必要があります。連絡がまだとれていない場合も「今は不在で連絡が取れていませんが、あとで再度連絡します」と報告するべきなのですが、報告がなければこちらから「例の件、相手は何か言っていましたか」と確認することです。そうすることで、報告を欠かさず行う意識が育っていきます。

「ソウ」＝相談

疑問や心配事、問題を抱えたままで、一人で悶々と悩みながら仕事を進めていると、失敗が重なったりして事態が悪化し、結果として余計に周りの人に迷惑をかけてしまうことがあります。

悩んでいるときは自己判断で勝手に進めるのは危険です。上司や先輩、同僚に相談することで、よいアドバイスがもらえるだけでなく、問題を共有しながら、うまく対処できることもあります。

とくに教員は、担任しているクラスでのトラブルについて、自分だけで解決を図ろうとしがちです。自分のクラスのことで他の人に迷惑をかけたくないという気持ちや、トラブルを起こしたことで自分が能力不足と思われたくないといった心理から、なんとか自力で解決しようとしてしまう傾向があるように思います。そしてどうにもならなくなったところで相談に来るのですが「時すでに遅し」、大きなトラブルに発展していた……ということがしばしば起こります。

小さなトラブルの段階で周囲に相談しておけば、アドバイスをもらえて解決できることは多いものです。だからこそ**校長は、普段から小さなことでも気軽に相談し合える雰囲気づくり、環境づくりに心を配る必要があります。**

また、**新しい企画や取組を始める際も、まずは周囲に相談することです。**

たとえ校長といえども、会議の場でいきなり新企画を提案しても課題を指摘され、対応策を用意していなければそれで撃沈、日の目を見ない……ということにもなりかねません。準備を整えてから臨むことが重要です。

関係者の顔を立てて相談という形で先に話を通し、理解を得ることも肝要です。そこで通らなければ会議でも通らないということです。相談をすることで様々な課題を洗い出し、対応策も事前に検討したうえで提案すれば、会議でも理解を得やすくなります。

3 平時のボトムアップ、有事のトップダウン

教職員はそれぞれ教育の専門家です。各人が子どもたちの教育に対して熱い思いを持ち、一家言も持っています。校長は、そんな教職員の思いを大切にしながら学校運営をしていく必要があります。

自校の教育の推進に対して、教職員一人ひとりが参画意識を持って取り組んでほしいものです。そのためには、**教職員の意見を尊重し、意見を集約しながら学校運営を進めていくボトムアップの手法**が効果を発揮します。教職員が発案した取組を具体化して実施していけば大きなやりがいになり、さらなる意欲につながります。

ただしボトムアップの手法では、教職員の意見を聞き、修正を加えながら一つの結論を導いていくため、多少の時間が必要です。すんなりと決まれば問題はありませんが、異論が出た場合は理解を求めたり、計画を修正したりするための時間を要します。でも、その過程で教職員は参画意識を高め、提案者は企画を通すために学び、成長します。

また、会議では校長が決めた形をとるよりも、**教職員みんなで決めた形にする**こともコツです。

職員会議は議決機関ではないので賛否をとるものではありませんが、校長が提案するのではなく関係部署から提案し、全体で了解する形をとる方が教職員の参画意識は高まります。校長が大きなビジョンを示しながらも、平時は教職員の思いを尊重して学校運営を行うことで、教職員の意欲の喚起と育成にもつながります。

一方、**校長がトップダウンで指示を出し、物事を決めていくという手法**もあります。大きな課題が山積していて、解決のスピードが求められる場合などでは、ボトムアップの手法では間に合わないこともあります。そのようなときは校長がリーダーシップを発揮し、率先して対応を進めていくことも必要です。的確に指示を出し、課題解決の道筋を示していくのです。

気をつけないといけないのは、教職員が校長に頼り切ってしまい、自分たちで考えようとしなくなることです。「自分たちが考えるよりも、校長が考えた案の方が優れている」「指示に従っていれば問題ない」「校長、どうしたらよいですか？」というように、徐々に教職員が自ら考えることを放棄していってしまうことがあります。

常にトップダウンの手法で学校運営を進めていると、こうした課題も生じてきます。教職員自らが学校の課題解決に向けて考えるという習慣をつけておきたいものです。

また、物事の多くをトップダウンで決めていると、校長が替われば再びトップダウンで学校運営の方向が変わる、ということが起こったりします。トップダウンはトップダウンでやりかえされます。

学校の大きな方向性やビジョンはそう簡単に変えられるものではありませんし、変えるべきものでもありません。よい意味での急変はよしとするものの、学校の方向性が急に変わると、子どもや保護者、地域に対して信頼を損なうこともあるので注意が必要です。

平時はボトムアップの手法を用いながら教職員の意欲を喚起し、教職員を育てる。

有事はトップダウンの手法により速やかに課題を解決する。

さらには、事案によってボトムアップとトップダウンを使い分けながら学校運営を行っていけたらなおよいでしょう。

4 「ポテンヒット」に注意

「ポテンヒット」は、テキサスヒットとも言われる野球用語です。ゆるく舞い上がって「打ち取った」と思ったフライが、野手と野手の間に落ちてヒットになるものを言います。

組織はどうしても縦割りになることが多くなりますから、隙間ができます。**その隙間の仕事をお互いが相手の仕事と思っていると、そこにポテンヒットを打たれてしまいます。**お互い声をかけ合えば簡単に処理できる球がポテンヒットになってしまうのは痛恨のミスです。

学校組織は複雑です。たとえば中高では学年団、校務分掌、教科部会、部活動や各種委員会など、一人の教員が複数の組織に所属しています。そのため、業務のスケジュールを勘違いしたり、失念することもあります。

教科部会で決めた内容が学年主任に伝わっていなかった。体育館を使用する部活動顧問で打ち合わせたことが体育科に伝わっておらず、授業時にトラブルになった。これらも、打ち合わせに参加していた各学年、体育科の先生が共有してくれるだろうという思い込みが原因です。こうしたことで隙間が生まれていくのです。

お互いが守備範囲を少し広げることで、その隙間は埋めることができます。

職員室にも小さな隙間はたくさんあります。

整理整頓の分担がきちんと決まっていないところもあるかもしれません。流し台の掃除、掲示板の整理、ポットの水、チョーク箱の整理、共用机の上の整理、シュレッダーのゴミ……「誰もしなければ教頭がしてくれるだろう」では寂しいものです。汚れていたり、散らかっていたりする場所があったら、自分事として整理しましょう。

「蟻の一穴」をつくらない、広げさせない

隙間の仕事自体は大きな仕事ではないかもしれません。しかし「蟻の一穴《いっけつ》」、そこから大きな穴になり修復不可能な事態を招くことも考えられます。

最初にきちんと対応すれば処理できる問題も、放っておくうちに次第に大事になっていきます。**組織内でお互いが連携をとって情報やプロセスの共有を図り、ポテンヒットを許さな**

ければ未然に対応することができます。

行政への苦情のたらい回しのようなことは学校でも起こりえます。

たとえば、苦情の電話を生徒指導担当者が聞いて学年に回し、学年に事情を話すと「それは部活動の話です」と顧問のいる部署に回され、「顧問の先生は出張で午後から不在です。また明日電話してください」……電話をかけた側からすれば「どうなっているんですか？」という話です。

電話に出た人がきちんと話を聞きとり、顧問が午後から出張ということを周囲が把握していれば、たらい回しにせずに対応できたでしょう。

また、隙間の問題を気づかずに放置したままにし、やがて大きな事件になってから気づくということもありえます。

たとえば、子どもが校内でけがをした場合です。養護教諭が応急処置をし、あとで保護者と病院に行くように言いました。同時に保護者に連絡したが不在のため、間をおいてもう一度連絡しようとしていたものの、別件に対応しているうちに忘れてしまい、保護者から「子どもがけがをしたのに何の連絡もなかった」という苦情が入る……このように、小さなトラブルがより大きな問題になってしまうことがないようにしたいものです。
そのためには、**けがなどはすぐに教頭にも報告をするよう徹底しておく**ことです。教頭が「保護者は何と言っていましたか？」と聞くことで、連絡がとれていないことがわかればすばやく対応ができます。

お互い連携を密にして、簡単なことであれば聞き置いてあとで担当者に伝える、他のクラスや学年への苦情であれば、簡潔に話の内容を伝えたうえで電話を回す。受けた側も「こんなことでの相談と承りましたが……」と切り出すなど、相手の気持ちを和らげながら応対すればトラブルに至ることはないでしょう。

トラブルをゼロにするのが理想ですが、現実はなかなかうまくいかないものです。しかし、トラブルが起こった後に丁寧な対応をとることで、大事に至らずに済むことも少なくありません。**蟻の一穴をつくらないことが一番ですが、一穴ができても小さなうちに修復すれば収まります**。そこでかく汗は少なくて済みます。それを放置すると大きな穴になっていきます。そして余計に汗をかくことになります。
しっかりと連携し、みんなが守備範囲を広げて守ること。ポテンヒットを打たれた場合も、大事に至らないようすぐに丁寧で適切な対応をとること。
そうした**隙間のない組織づくり**が校長には求められます。

5 校長としてのバランス感覚

リーダーにはバランス感覚が必要です。

校長は学校に関する様々なことを決めていきます。常に全体を見渡しながら、それぞれの立場を考え、少数派や異なる立場の人にも配慮して学校運営を進めていくことが求められます。

声の大きい人の意見だけが通るのもダメですし、全体のムードに沿って決めていくのも危険です。ノイジー・マイノリティとサイレント・マジョリティの見極めも必要です。それぞれの立場の考え方も聞いておく必要があります。

何らかの取組を実施すれば、必ずその影響が出ます。よい影響を受ける者とそうでない者、メリット・デメリット、功罪もあります。その負の部分についてもきちんと検討しておく必要があります。

子どもにとってよいことならばすべて進めようという気運が教職員にはあります。しかし、校長はマイナスの影響も探り、対策を講じることが必要です。子どもたちにとってプラスでも教職員や保護者に負担が生じること、多くの子どもが喜んでも一部に嫌な思いをする子どもがいるかもしれないこと……**多くが同じ方向を見ているときでも、校長は全方位に目を向けておく必要があります。**

人事のバランス

校内の人事や分掌を考えるときも同様です。ある学年に優秀な教員が集まることもありますが、あえてドリームチームをつくる場合は別として、人事は一人勝ちでは恨みが残ります。その学年主任は妬まれますし、校長はえこひいきと思われてしまいます。

人事は一勝一敗、みんなで痛みを分かち合うのが基本です。ただし、その一勝は輝く一勝になるように配慮すると納得してもらいやすいものです。

声かけ・気配りのバランス

日頃の付き合い、声かけなどにも注意が必要です。

話のしやすい人ばかりと話をしていると「えこひいき」と呼ばれかねません。どの教職員にも声かけをするよう留意することです。

部活動の応援も同様で、メジャーな部はもちろんですが、目立たない文化部の小さな発表会にも足を運ぶことが大切です。

校庭に咲く花の美しさを紹介するとともに、育ててくださった校務員さんへの感謝の気持ちを表すなど、どこかで全員に光をあてる形で紹介をしてあげるのもよいことです。教職員たちは校長のそんな様子も見ています。

職員室に入る際、二つある出入口を交互に使う校長の話を第2章で書きました（48頁）。これも、言葉を交わす教員が偏らないようにというバランス感覚の一例です。

物事の大小や軽重、立場の陰陽や左右、教員と職員、好き嫌い……**様々な事象に対して一方に偏ることのないよう、常にバランスを考えて対処することが肝要です。**

6 学校の危機管理

危機が好きな人はいません。できれば平和に校長時代を過ごしたい……みんなそう思っているはずです。いつ何が起こるかわからないと思うと本当に気が重いし、突発的な事案に的確に対処できる自信もありません。しかし、何かが起こって当たり前なのです。

危機管理は管理職にとって最も真価が問われるところです。

平時であれば、多少のことはあっても何とか無難にこなしていけるものです。

しかし、校長がここ一番の力を発揮する、その真価が問われるのは危機が起こったときなのです。もちろん危機を起こさないのがベストで、それも含めてリーダーには危機管理能力が求められます。

今の時代は、以前に比べてリスク環境が変化しています。子どもや教職員、校舎管理などに関する事件・事故、ハラスメント、性的マイノリティ等に対する人権侵害、自然災害、アレルギーや病気といった健康危機など、今まで以上に注意しなければならない危機が増えています。

住民の学校に対する目も厳しくなっています。学校に対する苦情についても、しっかり勉強していて論理的に訴えてくることもあります。筋が通っているので、いい加減な対応では歯が立ちません。学校側も確かな根拠をもって説明する必要があります。

また、内部告発が不可避の時代にもなっています。不正やおかしなことをしていれば内部告発によって白日の下にさらされます。絶対に不正やごまかしはしないことです。

コンプライアンス、法令遵守は当然で、今はそれ以上の道義的責任や社会的責任が問われるようになっています。このような時代になっているということは十分に認識しておく必要があります。

学校は様々な危機に見舞われますが、そのつど適切な対応が求められます。

もちろん校長一人で対応するのではなく、教育委員会の指導のもと、全教職員で取り組むことではありますが、校長の存在力は大きいものです。

とくに想定外の危機が起きた際は、教職員も不安になります。基本的な考え方をしっかり理解し、対処していくことが大切です。

危機管理については様々な書籍が出ています。それだけの内容があるテーマです。丁寧に記すには多くのページを要しますので、ここでは簡潔にまとめたいと思います。

最善は「未然防止」

危機管理の最善の方策は危機を起こさないことです。

野球で例えるならば、スライディングキャッチやダイビングキャッチによるファインプレーはとてもすばらしいのですが、それよりも打球を予測してあらかじめ守備位置を変えて難なくボールをとることができれば、それが一番のファインプレーになります。

まずは危機を起こさないことです。そのためには普段から危機意識を持つことが大切です。

予防対策の一つとして役立つのが、いわゆる**ヒヤリハットの事例集**です。ヒヤリハットの情報を教職員が共有することで、同様の事故の発生を防ぐことができます。

ただ、この共有がなかなか図りにくいのが現状のようです。重大な事例については職員会議等で報告もしますが、小さな事例はあまりオープンにしないことも多くあります。

「大事に至らなかったからよいではないか」「当事者のことを考えると大事にしたくない」

「配慮が必要」といった理由で、「ことさら周知する必要がないのではないか」ということになり、関係者だけに留まることが少なくありません。

しかし、当事者に配慮しながら、誰かは特定されない形で全体に共有を図ることが、次に同じようなことを起こさず、大きな事案を防ぐことにつながります。

ヒヤリハットを活かす

少なくとも校長は、自身で**危機管理用のファイルやノートをつくり、ヒヤリハットを集約しておく**ことです。

難しく考えず、あったことを簡単にペーパーに記載してファイルに綴じておくだけで十分です。いくつかたまってきたらインデックスをつけたり、生徒指導や教務関係といったジャンルごとに整理したり、カスタマイズしていけばより使いやすくなります。

そして、その**ヒヤリハットをしっかりと活かしていく**ことが大切です。事例集を作って満足してしまい、そのうち忘れてしまうということがないようにする工夫も大事です。

たとえば、通知簿のミスや成績処理のミスなど成績情報の管理に関わることであれば、いわば「季節もの」ですから、ダイアリーやカレンダーに書き込んでおくと忘れません。学期末のところに「教員に成績情報の注意喚起をする」と書いておくのです。

また、季節ごとの交通安全運動の期間には「交通安全の注意喚起をする」、体罰やセクハラ、お金の管理などについても「この日の職員会議ではこの点に触れよう」とダイアリーにメモしておき、それぞれのタイミングで注意喚起をしていくことです。

今年の行事の反省を受けて「来年の行事ではこの点を注意しよう」など、来年のことであれば来年のカレンダーに書き込んでおいたり、来年度用に作成したパソコンのフォルダに入れておけば、1年後のことでも忘れず注意喚起ができます。

大事なのは、**同じようなことが起こりそうな頃に事前に注意喚起ができるよう、今後の通り道に先回りして置いておく**ことです。いつ起こるか分からないようなヒヤリハットも、忘れた頃に注意しようと思えば先にダイアリーのノートに書いておくことです。

そして、作ったヒヤリハットのファイルは普段から目につくところに置いておき、随時目を通しながら常に意識しておくようにするとよいでしょう。

危機対応のシミュレーション

危機にどう対応するか、平時からのシミュレーションも大切にしたいものです。

他校で何か事件が起こったときに「大変だなあ。自校で起こっていなくてよかった……」で終わるのではなく、**もしも自校で起こったらどうするかを考えてみる**ことです。

世間を騒がせるような事案については、すぐに教職員に注意喚起をし、校内の点検をすることも必要です。教職員が盗撮で捕まった、子どもが事件に巻き込まれた、職場に爆破予告の電話があった、住民がやってきて教職員の服務について問いただされた……等々、事例は多々あります。

まずは、このようなことが起こらないためにはどうしたらよいか。

そしてこのようなことが起こったらどうするか、初期対応はどんなことをするか。

連絡はどこへするのか、マスコミ対応は誰が行うのか、当事者の家族への対応はいつ誰がおこなうのか、被害者への対応は、再発防止策はどうすればよいのか……といった点を書き留めておくことです。これはよいトレーニングになります。

「それはわかるが、これだけのことを自分で考えるのは大変だし、時間もない」というときは、**管理職を目指している自校の教員に課題として出してみる**という方法もあります。

教員の解答を聞きながら教頭も交えて一緒に話し合い、勉強すればよいのです。

こうしたシミュレーションの成果や新聞記事をファイルに綴じていけば、危機管理・危機対応のマニュアルを積み上げていくことができます。

危機対応をテーマにした教員研修も大切です。研修の時間があまりとれない場合は、職員会議のあと5分だけ時間をとって「ミニミニ研修」という形で行うのも一案です。事案を紹介し、その事案に対してどのように対応し、どのように行動するかを3分だけ話し合い、その後に校長から1分で要点を話す、という形でも十分です。実際にあったヒヤリハットや世間で話題になった事案があれば、そういったものをテーマにするとよいでしょう。

時間があるときは、苦情対応などの研修として教職員どうしでロールプレイングをすることも有効です。やってみると意外と難しいものです。苦情を言う側と学校側に分かれて行うのですが、面と向かって苦情を言われると返答に困り、頭が真っ白になってしまう、ということも体験できます。

他校で事件や問題が起こったときに、**「対岸の火事」として眺めるだけなのか、「他山の石」として自身のマニュアルに追加していくのか**、積み上げていくと大きな違いになります。

危機が発生してしまったときの対応

次に事後の危機管理、クライシスマネジメントです。

危機管理の基本は「さしすせそ」（最悪を想定し、慎重に、素早く、誠意を持って、組織的な対応を）とよく言われますが、それに加えて留意してほしいのが**「クライシスコミュニケーション」**です。

クライシスコミュニケーションとは、非常事態の発生によって危機的状況に直面した場合に、その被害を最小限に抑えるために行う、**情報開示を基本としたコミュニケーション活動**のことです。

人や組織が事件・事故を起こしたことで非難されるのはもちろんですが、起こしたことにどう対応したかによって、その後の反応は分かれます。

とくに重要となるのがマスコミなど外部への説明・対応です。マスコミに対して記者発表をするのか、保護者会を開催して保護者に説明するのか、そもそも外部に伝えるのかどうか……その判断を下すところから始まります。何でも公表すればよいというものでもありませんが、公表しなかったことで「隠蔽」ととられることもあります。慎重な判断が求められます。

社会的責任を果たすためには、一定の情報開示が必要になります。隠蔽と受け取られないように、しかし第一には被害者の人権、また学校を守ることも考えながら、説明責任を果たさなければなりません。そこで対応を誤ると二次被害となっていきます。

クライシスコミュニケーションの要点

このクライシスコミュニケーションの三つの要点が**①スピード、②情報開示、③社会的視点に立った判断**、と言われています。

①スピード

スピードとは言うまでもなく、早期対応です。もたもたしているとよい印象を与えません。重大事と捉えていないと思われてしまい、不信にもつながります。

何が起きたのか、一体どういう状況なのか、周囲の人はわかりません。学校側がいつまで経っても何も言ってくれなければ、不安と疑惑がどんどん膨らんでいきます。

まだよくわからないことが多いとしても、現時点で把握できていることだけでも伝えることで、安心してもらえるとともに、きちんと情報を伝えようとしている姿勢も見てもらえます。いつまでたっても何も言わなければ、不信感をもたれ、情報操作を疑われたりすることにもなります。

危機対応においてはスピード感が大切です。すぐに学校に駆けつける、すぐに被害者のもとへ足を運ぶ、すぐに会議を招集する、すぐに情報収集を行う……そうした一つひとつの対応がスピード感につながります。重大な事案と受け止めて動いている、と思ってもらうことが大切です。

②情報開示

個人情報に配慮しながら、開示できる情報は開示していくことで不信感をもたれないようにしていきます。

ここでも**重要なのは正確な情報**です。不確かな情報では後で修正が入り、不信感をもたれます。いい加減なことは言わないことです。

「本日午前10時の時点では確認できていません、調査中です」など、明確な文言で説明することも大切です。発言は切り取られたり、曖昧な内容で伝わっていったりすることもありますから注意が必要です。「現時点では」と注釈をして言っていたものも、伝わるたびに常に現時点となり、そのうちいつの時点かわからなくなることもあります。齟齬《そご》が生じないように気をつけたいものです。

そのためにも、**情報を開示する際には文書を作成すること**です。

文書を作る第一のメリットは、伝えたい情報の内容がブレないことです。口頭で話した内容は伝言ゲームになりやすいので、曖昧になっていきがちです。「どちらが先でどちらが後だったかな？」というふうに時系列もわかりにくくなり、人によって言うことが少しずつ違ってきたりします。文書にしておけば内容がブレることなく、誰が発言しても同じ説明ができるということです。

第二に、**情報共有が容易**です。危機発生時はバタバタしていて時間がありません。直接説明する時間がないときも、文書をもって説明に代えることができます。事後の報告書を作成するときも便利です。その文書を整理し、編集すればよいので助かります。

文書を作る場合でも、やはり大切なのは正しい情報を記載することです。文書はコピーされながら一人歩きしますから、くれぐれも誤った情報は書かないように気をつけましょう。内容としては、まず概要をまとめたうえで、時系列に沿って経緯を書くことです。合わせて、原因や学校の対応、考え方、再発防止策なども書いていくとよいでしょう。

また、新たな情報が出てきたり、それによって学校の対応も動いていったりしますから、文書は加筆しながら更新をしていく必要があります。

作成日時を記載しておくのもポイントです。常に最新版がわかりますし、「あの時点ではここまでしかわかっていなかった」ということも把握できるようになります。

③社会的視点に立った判断

学校では「これくらい」のことと思っていたが、世間の感覚では「とんでもない」ことだったということもあります。学校という閉じた社会と世間一般の社会とで、常識感覚のズレが生じてしまうことがあるのです。

たとえば、学校内で子どもの事故が起きたとします。学校は「これくらいのことでいちいち保護者会を開いていてはキリがない」と考え、関係者にだけ説明をして済ませました。ところが、この事案について漏れ聞いた保護者からは「どういうことなのか」「うちの子どもは大丈夫なのか」「学校は隠蔽しようとしているのか」「マスコミに知らせようか」……次第に不満がたまっていき、一大事に発展する可能性があります。

「これくらいのこと」という認識が判断を誤らせます。

このことを保護者が知ったらどう思うか、世間の人はどのようにとらえるだろうか、という視点が必要です。ＰＴＡ会長に報告して、保護者の立場としての思いを聞くことも参考になるでしょう。

学校の内部で考えるのではなく、**学校を俯瞰して社会的視点で判断する**ことが求められます。

教職員が「管理職に報告するまでもないこと」と自分で判断して、報告が上がってこないこともあります。教職員に対しても、学校の常識と世間の常識はズレていることがあることを認識させるとともに、小さな事案でもきちんと管理職に報告することを徹底しておきましょう。

関係者・機関への報告

教育委員会やＰＴＡ会長などにもすぐに一報を入れましょう。教育委員会に報告すれば助言をもらえますし、相談にも乗ってもらえます。問題によっては教育委員会にも波及することがありますが、教育委員会はそうした判断もできます。

多くの事例に対応してきた経験を持つ教育委員会は、とても頼りになる存在です。教育委員会への報告も、学校としての大切な初期対応です。

また、PTA会長は保護者の代表です。その後の対応も含めて報告・説明をして、了解を得ておくことです。後々になって保護者から指摘された場合でも「会長にもお話をしています」と言えるか、言えないかでは大きな違いになります。関係者にはきちんと報告しておかねばなりません。

不祥事への対応

不祥事が発生したときは、お詫びの3点セット**「謝罪・原因究明・再発防止策」**を忘れてはいけません。

まず「謝罪」です。謝罪は誠意を尽くして行います。

被害者がいる場合には、被害者に寄り添った対応が求められます。すぐに被害者側と連絡を取り合うことが必要です。事の大小がありますから一概には言えませんが、**学校として示せる最大の誠意は校長が自ら足を運ぶこと**です。担任や生徒指導担当任せにするのではなく、校長が対応することで誠意を示さなければなりません。

たとえば体罰が起きたことが分かった場合、すぐに謝罪にうかがうことが求められます。

相手の立場からすれば、体罰を加えられたにもかかわらず謝罪がなかったり遅れたりすると、よけいに怒りが増します。すぐに対応しなければなりません。

誠意ある対応については**「やりすぎかなと思うくらい」でよい**と思います。誠意が見られなかったことを非難されてからでは遅いのです。

ただ、だからといってすぐに学校を飛び出して家庭訪問をすると、かえって不興を買うこともあります。まずは電話を入れて謝罪したうえで、関係者と一緒に訪問する許可を得ておくといった冷静さも必要です。

そして、単に謝罪をするのではなく、**原因をきちんと調べ、なぜそのようなことが起こったかをていねいに説明**し、二度とそのような不祥事が起こらないように**再発防止策**も伝えて謝罪することが重要です。

体罰の事案であれば、真摯に謝罪するとともに体罰が起こった原因を究明し、二度と起こらないよう再発防止策を講じるということです。「子ども理解が十分できていなかった、信頼関係が構築されているから多少の体罰は許されると勘違いしていた、指導力がなく言葉の指導をすることができなかった。今後は子ども理解や生徒指導の教職員研修を行い、二度とこのようなことが起こらないようにします」というように、被害者に対して謝罪とともに原因究明と再発防止策をきちんと説明することです。

こうした謝罪をスピード感をもって行うこと、そして何が起こったかをていねいに説明すること、その際には社会的視点に立った判断をするということが重要です。

生徒指導でよく言われる言葉に「逃げるな、隠すな、嘘つくな」という言葉があります。逃げても追いかけられるだけで問題は解決しません。隠していてもいずれ暴かれてよけい窮地に陥ります。嘘をつくと信用をなくし、信頼をなくし、誰もついてきてくれなくなります。

対応方針をどうやって決めるか

危機が発生した際、校長は今後の対応の方針を決定しなければなりません。様々な要因をもとに判断をし、決断を下していくことになります。

①情報収集

正しく判断するためには、その材料としての正しい情報収集が不可欠です。

実際に何が起こったのか、そして今、実際にどうなっているのか、ということを正確に把握する必要があります。

大切なのは正しい情報です。学校としての最終判断は校長がすることが多いわけですが、その校長に正しい情報が伝わることが求められます。伝聞ではなく事実を把握することです。危機が起こったとき、情報の伝わり方が往々にして伝言ゲームのようになり、尾ひれ・背びれがついたり、形が変わってきたりします。正しい情報、そしてそれに関係する具体的なデータや過去の記録等を集めることも大切です。

②多面的・多角的視点

判断をする際には、第3章で述べた多面的・多角的な視点(虫の目、鳥の目、魚の目、蝙蝠の目)が求められます。

相手がどう思うか、子どもや保護者はどう思うか、世間はどう見るか、マスコミはどう考えるか、といった様々な視点が必要です。

今すぐに公表するのがよいのか、言うことでつらい思いをする人がいるとすれば言わない方がよいのか、言わなくて後で知ったら他の人はどう思うか、そのときはどう説明するのか。被害者の視点、その関係者の視点、加害者の視点、マスコミはどう捉えてどう報道するか、世間はどう見るか……職場の教職員や教職員団体なども含めて、想定できる関係者・関係機関の視点が必要になります。考えていけば、様々な選択肢が出てきます。その一つひとつについて是非を検討しなければなりません。

今、社会の変化とともに世間の価値観も変化し、多様化してきています。「これくらいのことは……」と思って甘く見ていて、社会の認識とずれているととんでもないことになります。

とくに不祥事に対する世の中の目は厳しくなってきています。説明責任も問われますので、十分意識して取り組む必要があります。

③拠り所・優先順位

判断をする際の拠り所がないと、あとで揺らぐことになります。ぶれないためにも根拠をしっかり持って判断することです。

まずは「法的根拠」。法的にどうなのか、法令遵守の観点から判断することです。法律に反しているようでは、周囲から指摘された段階でアウトです。

校長も人間ですから、ついそのときの感情や雰囲気に流されそうになることもあります。しかし、明らかな法令違反はあとで弁解の余地がありません。当たり前といえば当たり前ですが、**法律に関して指摘されることがないというのが最低限の基準**です。

次いで「優先順位」。**何よりもまず人命が最優先**です。そして被害者がいる場合には被害者優先、被害者の命や人権を第一に考えた判断が求められます。身内の人権も尊重されるべきですが、被害者が優先されます。

このような優先順位、とくに最優先順位・トッププライオリティは何か、絶対必要なことは何かをしっかりと持っておくことで、ぶれることは少なくなっていきます。

そして「信念と誠意」です。**この優先順位で大丈夫という信念を持って、誠実に進めていくこと**です。

④周囲と相談

教頭など他の管理職との相談はもちろんですが、教育委員会にも報告をするとともに、助言をもらうことも必要です。

どうしても自分一人だと観点が偏ってしまったり、思いこみがあったりします。教育委員会には多くの事例に対応してきた経験がありますし、現時点での社会通念や社会の風潮などについても熟知しています。大いに頼るべきですし、情報共有を図ることは今後の対応において重要です。いずれは教育委員会にも波及する話になるからです。

その他、関係者の意見も判断の材料として大きな情報です。情報提供の意味でも、関係者と相談しておくことです。ＰＴＡや同窓会、自治会等、関係機関等にもいずれ話は入ります。

場合によっては関係者に対してもマスコミからいきなり取材があるかもしれません。そのときに初めて聞くようでは、学校に対する不信感を抱きながら話をすることになります。関係機関等に事前に話を通し、相談もして、学校の考えを理解していただいておくことはとても重要です。

⑤決断するのは自分

決断するのは校長である自分です。教職員の賛否は、決断を下す際には必ずしも必要ありません。教職員と校長では見えている世界が違います。

決断をする際は、心に余裕を持っておくことです。

危機に陥ると気持ちに余裕がなくなります。悲観的になり、悪い方ばかりが気になります。次第に悲壮感が漂ってきて、守りに入った判断をしがちです。不安そうな管理職を見て、教職員もつられて悲観的になっていきます。

こういうときは、そんな自分の姿を一度見てみることです。

トイレに行って、鏡に映った自分の顔を見てみるのも有効です。こんな顔をしていて教職員は安心するのか。悲壮感が漂う顔をしていたら、口角をあげて笑ってみるなどして、余裕のある表情に直してトイレを出るのです。

校長の態度は鏡のように教職員に反映されます。校長が落ち着いて的確な判断・決断をしていれば、教職員も動揺せず落ち着いて事に当たることができるものです。

⑥腹をくくる

方針を決めたら泰然自若、あとは腹をくくることです。校長の泰然自若の構えが教職員に安心感を与えます。

最悪のシナリオを考えたうえで決めた対応方針です。あとは気持ちに余裕を持って対処していくことです。つまり**「備えは悲観的に、構えは楽観的に」**ということになります。最悪の事態さえ想定して準備しておけば、事態はそれ以上に悪くはならないのですから、余裕を持って対応できます。

そして**決めたら迷わない**。決めてからもぐらぐらしていると教職員が不安になります。決めるまではとことん悩んでください。そして悩み抜いた末に決めたらもう迷わないことです。あとは、それでよかったのだと言えるように努力することです。

校長は苦しいときだからこそ明るくふるまうことが大切です。校長が動揺して「どうしよう、どうしよう」と言っていると教職員も不安になります。校長が明るく余裕を持ってふるまっていてこそ教職員も安心でき、信頼もしてくれます。内心はどうあれ、構えだけは堂々としておく必要があります。それが校長です。

危機はいつどのような形でやってくるかわかりません。**校長在職中、何もないことはまずないと覚悟しておく**ことです。その覚悟があればなんとかなるものです。

いつも机の中に辞表を入れているという校長もいます。保身ではなく責任をとって辞めてもよい、という気持ちです。

実際は、教育委員会に辞表を出してもすぐには辞めさせてもらえないでしょう。「最後まで校長として責任を果たしてほしい」ということです。辞職の覚悟は必要ですが、逃げずに事をおさめるところまでは責任を果たさないと仕方がないのです。

でも、その覚悟があればなんとかなるものです。**危機管理はまずは普段の心構え、覚悟からです。**

7 教職員の服務規律

校長には教職員の管理監督責任があります。

教職員の不祥事が起こらないよう、事あるごとに服務規律について注意喚起をしておきましょう。交通安全運動が始まれば交通安全について、学期末になれば成績情報等の管理について、体罰のニュースが流れれば体罰について、適切なタイミングで注意することで事前に不祥事を防げる可能性が高まります。

一方で、校長自身も服務規律には人一倍気をつけ、自らを律する必要があります。服務規律や法令の遵守は当然のことですが、道義的なことやマナーにも気を使いたいものです。

セクハラやパワハラといったハラスメントも多々あります。その種類も様々です。本人の意図は関係ありません。**相手に対する発言・行動等が、相手を不快にさせたり、尊厳を傷つけたり、不利益を与えたり、脅威を与えてしまえばそれはハラスメントです。**

要は「相手がどのように感じ、どう思うか」です。このことは個々人によって違いますから、細心の注意が必要です。

毅然とした指導も時には必要

一方で、**教職員の振る舞いについて指導すべき点はきちんと指導すべき**です。その姿勢を他の教職員は見ています。

学校には、校長と同じくらいの影響力を持つ教職員がいることがあります。

何でも自分が差配して物事を決めているような人、学校の古株で要職にもあり教職員も一目置いている人、声が大きく何かにつけ校長に意見する人、タイプは違えど「この人に横を向かれると学校運営がやりにくい」と感じる人がいます。

新しく着任した校長は、そんな大物の教職員に敬意を表して気を遣う対応をすることがあります。そのこと自体は問題ありませんが、独善的なことをしていたり、他の教職員に無理強いをしていたりするようなことがあれば、そこは毅然として指導をする必要があります。影響力があるからあまりギクシャクしたくないという思いがあっても是は是、非は非です。教職員間のことだからと見て見ぬふりはよくありません。

ただ、他の人の面前で指導するのはよろしくありません。指導する際は校長室に呼んで話をしてください。教職員にもプライドがありますから、人前で指導されるのは辛いものです。指導の事実を記録として残しておく必要があるときは、教頭など複数人で対応することも重要です。校長が一人で指導をする場合と、立会人を置いて複数人で指導する場合では重みが違います。本人の受け止め方も異なってきます。

教職員に敬意を持ちながらも是々非々の対応は必要です。遠慮したり、情に流されたりするようではいけません。

誰であれ指導すべきはきちんと指導する、言うべきことは言うことも教職員の信頼を得るためには必要です。

8 人材育成も校長の仕事

人材育成も校長の大きな仕事です。

初任者から中堅教職員、課題のある教職員から管理職候補者、教頭に至るまで、教職員一人ひとりがそれぞれ力を伸ばしてくれれば学校のチーム力は大きくなります。

いずれ教職員は転勤していきますが、また次の職場で力を発揮してがんばってくれるでしょう。各学校ともお互い様です。それぞれの学校で教職員を育てることが、自治体全体の教育力を向上させることになります。自校の教育力の向上とともに、各教職員が豊かな教職員人生を送るためにも、一人ひとりを大切に育ててほしいと思います。

人材育成にあたっての教職員への働きかけ方については、第2章「教職員を支援・応援する」（50頁～）でも記述しています。

若手教職員を育てる

若い教員にとって校長や教頭は雲上人です。雲上人からの指導は影響力も大きいものです。**校長自ら褒めて励ます**ことで、自信を持ってがんばろうという気持ちを抱いてくれるはずです。

ベテランが普通にこなす仕事も、若い教員にとっては大仕事です。不安を抱えながら、四苦八苦しながら取り組んでいます。そんな努力に対して声をかけ、感想を述べ、指導・助言をすることで教師力が向上していきます。

また、抽象的な指導よりも、具体的なアドバイスや指導が効果を発揮します。授業では発問や指名の仕方、板書のポイント、グループワークや話し合いでの働きかけ方など。学級経営では掲示板の使い方、席替えの意義、掃除のポイント、号令のかけ方、挨拶の仕方など、基本的な事柄についても具体的にアドバイスしてあげるとどんどん吸収していきます。若い教員をうまく育ててほしいと思います。

若手の悩みを受け止める

あわせて、定期的に研修会や座談会を持ち、授業研究や困っていることなどを聞く機会を設けるのもよいと思います。

たとえば、採用から数年の若い人を集めて茶話会を催し、子どもや保護者、分掌や学校のことで困っている点や悩みを出しあうといったものが考えられます。その際、先輩が自分の事例をもとに解決策を話し合ったりしながら共有し、管理職が適宜アドバイスをするのもよいでしょう。

自分のクラスだけ試験の成績が悪い、仕事の要領がつかめず時間がかかる、保護者のクレームへの対応が下手でこじれてしまう……若手ならではの悩みをしっかりと受け止めてあげることです。そして、校長も若い頃は右も左もわからず同じように悩んでいたことなどを紹介することで、いつの時代も若手は苦労しているんだ、自分だけではないんだということも知ってもらいましょう。

また、このような会を職員研修の一環として位置づけることで、**学校全体で若い教職員を**

ケアしながらしっかりと育てていくことにつながります。ひいては他の教職員に対しても「若手を育てよう」という意識づけになり、効果的です。

若手教員に対しては、他の教員よりも指導やケア、目配り、気配り、心配りが必要です。それは当然のことという認識をもつことです。

中堅・ベテランを育てる

中堅やベテランの教職員に対しては、仕事を任せて育ててほしいものです。とくに**中堅教職員に対しては学校のリーダー育成の観点からの支援が重要です**。適宜アドバイスは与えつつ、校長の思いと多少ズレていたとしても、任せた教職員の思いを優先させてやることも必要です。

そして、**任せた仕事が失敗しても、教職員の責任にせず校長が責任をとること**。そうすれば、教職員は失敗を恐れず思う存分知恵を出し、挑戦することができます。その結果、教職員が育ち、組織はどんどん強くなっていきます。

「うまくいったら教職員の力、失敗したら自分の責任」というスタンスで取り組んでいけば、教職員との信頼関係も強くなっていくものです。

くれぐれも逆はいけません。「うまくいったら自分の手柄、失敗したら教職員の責任」では嫌われます。

課題のある教職員の力を引き出す

学校運営は組織のトータルパワーで動いていきます。力のある人も、弱い人も、みんなが今より少し力を出せばそれで学校は大きく動いていくものです。

だからこそ、課題のある教職員の育成も重要です。現時点ではマイナスの点が目立っていても、マイナスの数値が少なくなれば組織のトータルパワーは上昇します。

「課題があるから排除したい」、そう思えばその気持ちは見透かされ、その人のマイナスの数値は一気に大きくなります。そうなればトータルパワーはダウンします。

課題のある人とはよく話をすることです。本人の要望を聞き、認めるところは認め、褒めるところは褒めてあげましょう。もともと教職員になったときは「がんばろう」という気持ちを持っていたはずです。転勤で自校に着任したときも、心機一転がんばろうと思っていたことでしょう。根っからのサボりや能力がないという人はあまりいないものです。

抱えている課題もいろいろです。非協力的な言動が目立つ人、ミスや失敗が多い人、服務に問題がある人、生徒指導ができない人など、様々です。周囲から敬遠され、友人が少ない人もいます。どのような人であれ校長がよく話をし、思いを聞き、共感しながら本人のことを理解してあげることです。指導すべきことも本人が理解したうえで指導してこそ、きちんと受け止めてくれるものです。

また、できるようであれば小さな仕事からでもよいので任せてみてください。その人なりに「少しがんばってみようか」という気持ちになれる仕事を任せてみるのです。そして、できたときに評価し、認めてあげる……そんな取組を続けることでマイナスを減らし、そしてプラスに変えることができればなおよいと思います。

将来の管理職を育てる

社長の一番の仕事は「後継者を決めること」だと言われます。**管理職にふさわしい人物を見出し、育てることも校長の大きな仕事**です。

管理職を目指している人を、教頭の立場でものを見たり、考えたりできるように育ててほしいものです。管理職試験の面接の場でも、まだまだ教諭目線の発想から回答している人は少なくありません。

管理職としての視点で考える力を養う方法の一つとして、**「教頭・校長の椅子に座らせる」**という方法があります。教頭席からは職員室全体が見渡せます。教頭席から職員室を見渡すと、今まで見えなかったものが見えてきます。「教頭はこういう景色の中で、常に全体のことを考えながら、仕事を進めていくのだな」ということが見えてきます。

また、教頭を目指す人に対して「自分が教頭ならどうするか」ということはよく考えさせると思いますが、もう一段考え方を上げて、「ここに教頭を目指している教員がいる。さて、自分が教頭だとしたら、その人に何を求めるか、どんなことを要求するか」を考えさせてみるのです。そうすれば、自分が今やるべきことが見えてきます。その求めていることをなせばいいわけです。

管理職どうしの打ち合わせに同席させることも有効です。管理職がどのように考えながら学校運営を進めているのか、それを知るだけでも大きな研修になります。

教頭としてのあるべき姿を教える

教頭を目指す教職員には、教頭としてのあるべき姿も指導しておきたいものです。**教頭は校長の補佐役**です。目指すは最優秀助演男優賞、最優秀助演女優賞です。主役は校長であることを忘れてはいけません。

そして**「校長を守る」**ことも心得ておいてほしいことです。校長は学校の最終責任者です。トラブルの際に校長が出るのは最終局面になるのが一般的です。

つまり、校長は「最後の砦」でもあります。いきなり最後の砦にならないよう、トラブルが起こったとき教頭は校長の防波堤にならないといけないのです。

たとえば、クレームが学校に寄せられて「校長を出せ！」と言われたときには、まずは教頭が食い止めるということです。そこで「わかりました。校長先生、お願いします」と言って代わるようでは教頭失格です。

「上の者を出せ」と言われて上の者に代わるのなら、誰でも対応できる話です。「校長を出せ」と言われて「校長室へどうぞ」では校長を助けるどころか、校長の邪魔をすることになります。「この件は私がお話しさせていただきます」と言って、校長の防波堤になるという気構えが必要です。校長が多忙で仕事に押しつぶされそうになっているときなども同様で、校長に負担がかからないように食い止めるのは教頭の大きな仕事です。

校長の欠点をフォローする

また、**校長の欠点をしっかり把握しておく**のも大事です。校長が失敗したり、恥をかいたりしないようにサポートすることも校長を守ることにつながります。校長が法律に弱いなら、説明の場面で「事前の確認です」と言って補足したり、時間にルーズなら「校長、そろそろお時間です」と迎えに行ったり、といったフォローが求められます。

管理職試験、とくに校長試験の面接で聞かれる質問に「あなたの学校の校長の欠点は何ですか？」という質問があるそうです。意地悪な質問です。なかには、どう答えてよいかわからず凍りついてしまう受験者もいます。これも危機管理の一つです。

胸を張って「本校の校長には欠点は全くありません。完璧な人です」と答える人もいますが、「本当ですか？」とちょっと疑問符です。

校長の弱み・欠点を知っていてこそ校長を助け、補佐をすることができるわけです。

この質問にはそういう意図があります。けっして意地悪ではなく、日頃からの姿勢が問われる質問です。

「管理職」という道を後進に示す

今年や来年に管理職試験を受ける受験者を育て、指導することも大切ですが、受験適齢期前の**若い中堅教員に管理職という選択肢を考えてもらう**ことも後進の育成です。

近年、学校管理職試験を受験する教員の数は激減しています。教育課題が多く、教員自体が疲弊し、ブラックな職場とも言われ、管理職どころか、教員希望者すら減少している昨今です。

しかし、全国には約3万5千校の小・中・高等学校や特別支援学校などがあり、そこには当然約3万5千人の校長がいます。なりたい人、なりたくない人、校長に対する思いは様々なれど、3万5千人の校長は絶対必要です。

先行き不透明で舵取りの困難な時代だからこそ、校長の存在意義も大きなものです。

とは言っても、現場で有望な教員に声かけをしても、なかなか色よい返事は返ってきません。

現場が好き、子どもが好き、授業が好きで「子どもの前を離れたくない」という声。

一方で「管理職は大変、苦労が多い、責任が重い、自分には無理」など、管理職を否定的に捉える声。

元来、「校長になりたい」と思って教員を志望する人は皆無です。子どもが好きで子どもとともに成長できる仕事、子どもの人生に影響を与えることができる意義のある仕事、教えることに喜びを感じ、子どもの成長を幸せに感じることのできる仕事……教師という仕事はそういうものです。「管理職は教師の仕事ではない」と思われています。

また、自分たちが目にする管理職の姿といえば、教頭は朝早くから夜遅くまで働き通し。教職員の仕事の調整や相談、また会議や打ち合わせはやたら多いし、いつもパソコンに向かって書類を作っている。校長は出張が多く、校長室にいても何をしているかよくわからない。何かあれば出てきて指示をしているけれど、責任は重そうで、トラブルのたびに謝っている……。

そもそも管理職の何が楽しいのかわからない。聞くところによれば、自治体によっては財政改革のため管理職は給料減額中、同年齢の一般教員の方が給与の手取り額が多いとのこと。そんな管理職になりたいと思う奇特な人は少ないかもしれません。

しかし、前述したように、全国で3万5千人の校長、そしてそれ以上の教頭が必要とされています。そもそも年齢構成上、教員数の少ない年代が候補者となってきている現状では、退職校長の数よりも教頭試験受験者の方が少ない自治体も出てきています。再任用でつなぎながら、というのも限界があります。

あらためて、**管理職のやりがいや魅力を発信し、後進の育成をお願いしたい**と思います。

そのためには、**管理職自身がやりがいを持って溌剌《はつらつ》と仕事に取り組んでいる姿を見せてほしい**と思います。そのうえで、有望な教員に声をかけてください。校長から声をかけられることはうれしいことです。

真面目で有望な教員であれば、まずは話を聞いてもらうところから始めることができます。教員採用人数の少なかった年代が対象ですから、絶対数は少ないかもしれませんが、少なくても少数精鋭です。よく見ると管理職候補となる優秀な教員は数多くいます。そんな教員をじっくりと口説いてほしいと思います。

そのときに、普段の管理職の仕事ぶりが悲壮感漂う大変な仕事と見られていれば「やっぱり遠慮します」となってしまいます。でも、溌剌とした仕事ぶりでやりがいをもって生き生きと取り組んでいる姿を見ていれば、「それだけのやりがいや充実感があるのかな」と少しは前向きに考えてくれます。

また、**ご自身が管理職を目指そうと思ったその当時の思い**を打ち明けることで共感を覚えてもらえるかもしれません。自分も同じように現場が好きで、子どもたちから離れたくないという思いもあってとても悩んだことなどを語ることで、「校長も同じように将来について悩み、そのうえで管理職の道を選んだのだ」と理解してくれます。

そして、ご自身が当時の校長から説得された言葉や、決め手となった考え方、管理職の道を選ぶことで得られるやりがいなどを話してほしいと思います。今すぐ受験してはどうかと勧めるのではなく、ゆっくりと考える機会を与えることで管理職を目指す気持ちを醸成していってほしいと思います。

9 学校運営をよりよく、楽しくするアイデア

校長通信の発行

校長通信を発行する校長が増えました。もともと担任時代に学級通信を発行していたという人も多いように思います。

筆者も数多く通信を発行してきたなかで、次のような意義・効果を実感しました。

①情報の共有、プロセスの共有

学校現場は常に仕事に追われ多忙です。

また、学校によっては教職員数が多く、教職員間の意思疎通を密にすることは容易ではありません。とくに自分の関わっていない子どもの情報、所属していない部署や学年の出来事、

さらには自治体や国の動きなどの情報はなかなか共有できません。

そうした**情報やプロセスの共有**に役立つのが校長通信です。校長通信で情報提供しつつ、「このことについて〇〇号に掲載・説明しました」と周知することで、「そんな話は聞いていません」という情報共有の漏れを防ぐこともできます。

②仲間意識の醸成

学校の話題や教職員のニュースを共有することで連帯感が生まれてきます。

その際は**ローカルな記事を大事にする**ことです。校庭に咲いた美しい花と校務員への感謝の記事など、普段つい見過ごしてしまうようなことも紹介し、全教職員で共有することです。

みんながどこかでがんばっている、そのことを取り上げると、取り上げられた人も内心はうれしいものです。どうしても目立った活躍をしているところの記事が多くなるのは仕方のないことですが、どの教職員も自分に関係する記事が掲載されるように気を配ることも大切です。

こうして職場の話題を全教職員が共有するようになれば、校内の小さな取組も全員で応援し、部活動の活躍もみんなで祝福できるようになり、仲間意識の醸成につながります。仲間意識の醸成はベクトルの一本化、一枚岩の組織形成に向けて大きな力となります。

また、子どもたちの活躍や生活・学習の様子を取り上げ、学校がどんどん良くなっていることを紹介することで、教職員も成果を確かめながら、さらなるやりがいを感じられるようになります。

③信頼関係の構築

校長通信の作成には時間がかかります。学級通信を発行していた方ならよくわかると思いますが、ネタはもちろん、紙面構成や見出し、イラストなど、気を配りながら読みやすいものを心がける必要があります。一枚の紙面に収めるのも苦労します。

こうした地道な努力のもとで発行を重ねることだけでも、教職員からの信頼を培っていけるものです。

また、常に**教職員への感謝と労いを紙面で表す**ように心がけることで、信頼関係の構築にも寄与します。

④学校の姿がよく見える

いわゆる「記事のネタ探し」をすることで、学校がよく見えてきます。「このことを教職員に伝えよう」「これも紹介したい」と、記事にしたいことが次々と出てきます。

1年目よりも2年目、2年目よりも3年目と在任期間を重ねるにしたがって、今まで気づいていなかった点に目が届くようになり、伝えたいことが増えてくるものです。それだけ学校のことがよく見えるようになるのです。

⑤校長の思いを伝える

校長が教職員に対して、学校や子どもたち、教育への思いを伝えるのは大切なことです。しかし、話すだけではその言葉は消えていきます。校長通信の紙面で伝える思いは文字として残るため、効果も大きいものです。

また、校長通信は自分で印刷し、教職員一人ひとりに一声かけながら直接配付するのが効果的です。

配る手伝いを申し出てくれたり、電子ファイルでの一斉送信が便利という助言をしてくれる教職員もいます。でも教職員と日頃あまり話すことのない校長にとっては、直接手渡しでの配付は教職員と接する貴重な機会です。一人ひとりに配って回ることで、ほとんどの教職員と言葉を交わすことができます。

校長通信は校長と教職員の距離感を縮めるとともに、教職員のベクトルを同じ方向に向け、組織を一枚岩とし、学校のトータルパワーを高める学校運営の一助としてたいへん有効な取組です。

ただ、三日坊主になってしまうと、かえって信頼をなくしてしまいます。その効果は大きいのですが、発行する以上は途中でやめないという決意が必要です。

また、記事の偏りや読みづらい記事などにも気をつけましょう。

子どもたちとの面談

子どもたちとの面談は楽しいものです。学校規模にもよりますが、全員との面談が無理な場合は最上位学年の子どもと面談をするのがよいでしょう。

筆者は高校に勤めていたので、3年生との個人面談を毎年行っていました。一人あたり15分程度ですが、1学期から始めて3学期までかかることもありました。

基本的には「進路実現に向けてがんばってね」という面談ですが、将来の夢や学校に対する要望・思い、よかったところについても聞きます。そして受験勉強の助言や自分の失敗談も交えて人生訓を語るなど、楽しい時間になります。

もともと教師ですから、**子どもたちとの時間を持つ**ことはとても楽しく、子どもたちからエネルギーをもらうことができます。

卒業式では、その子どもたちに卒業証書を手渡します。校長と子どもたちは普段あまり言葉を交わすことがありません。多くの子どもにしてみれば卒業証書に書かれている校長の名前も印象が薄く実感もわきませんが、面談をすることで卒業証書に書かれている校長の名前とともに「面談で話をしたなあ」と思い出してもらえます。

校長としても、一言も話をしたこともない子どもたちに卒業証書を渡すのは味気ないものですが、話を交わしていることで心からの祝意を伝えることができます。


また、別の場面で学校を紹介するときにも「本校の子どもたちはこんな思いを持っています、学校のこんなところがよいと言っています」と、子どもたちの声を面談で直接聞いているだけに確信を持って伝えることができます。

この取組は子どもたちにも好評で、校長室に初めて入る子どもも多く、よい思い出になっているようでした。

子どもたちの要望も、できないこともあるという断りのうえで聞いてやり、簡単なことであれば実現してあげることができるし、実現できなくても聞いてくれるだけで十分という気持ちもあり、こちらも子どもたちの思いを理解することができます。なかなかエネルギーを使いますが、効果は大きいと考えています。

児童会・生徒会との懇談

児童会や生徒会との懇談も有効です。この場合は昼食会にすればさらに懇親が深まります。児童会や生徒会は子どもたちの代表です。その代表たちと管理職が懇談の会を持つのは意義のあることです。

子どもたちの思いを聞くとともに、学校としての思いも伝える。学校をよくしていくためにともに意見交換をすることで、児童会、生徒会の意識も高まり、子どもたちの代表なのだという自覚がより高まることにもつながります。

学校のキャッチフレーズやマスコットをつくる

学校のキャッチフレーズやスローガン、マスコットキャラクターを考えるのも楽しいものですし、一体感が高まります。子どもたちから募集するとみんなが盛り上がります。

筆者の場合は全校募集をし、自由応募、授業での作品、教職員等から700点が集まり選考委員会で選考しました。総合学科ということもあり、「it's up to you ～輝く未来を手に入れる～」というキャッチフレーズに決定し、学校の封筒にも印刷するなど広く活用しました。採用された生徒や優秀作品には校長から賞状と賞品を授与しました。

マスコットキャラクターも全校生徒に募集をかけて決定し、これも封筒などに印刷して活用しました。

こうした取組は、学校としても盛り上がり、仲間意識、一体感の醸成に大いに寄与します。ただし、学校のムードが冷めている場合は優秀な作品が集まりません。また、納得できないものがキャッチフレーズになっても後々困ります。

学校の雰囲気、子どもたちや教職員の反応を考えて実施することが肝要です。

自校の活動をマスコミに広報する

学校の良いニュースが報道されることは、子どもたちや教職員にとってもうれしいものです。新聞やテレビ、教育雑誌などのマスコミは記事を探しています。伝え聞いて学校に取材に来ることもありますが、学校側からマスコミに対して積極的に情報を提供することも重要です。

悪いニュースではマスコミに追いかけられますから、マスコミというと少し構えてしまいがちですが、逆にどんどん働きかけをしてみましょう。

留学生がやってくる、全校生一丸となって地域清掃を行う、自校を卒業した著名人の講演会を行う、体育祭で特色のある取組を行う、子どもたちが施設に慰問に行くなど、「これはちょっとニュースにしてもらえるかな」と思えばとりあえずマスコミに情報提供してみることです。すぐに内容が把握できるように簡潔な資料を作成し、報道各社の社会部や教育雑誌の編集部にＦＡＸやメール等で送ることで、見てもらえる可能性が高まります。

COLUMN

ワンフレーズの校長学

学校運営編

- 組織は一つ。意見は言う、でも決まればそれに向かって一丸になること。
- 授業も掲示物もホームページも、常に動いている学校。
- 子どもを基準に考える。子どもを伸ばす方向なのかどうか。
- 学校は明るさが大切。
- 気持ちよく仕事ができる環境をつくる。
- 人をどう使うかがキーポイント、人を使うためには人を知ること。
- よい参謀をつくること。
- 校長不在時の連絡先は伝えておくこと。行く先不明はダメ。

第5章

信頼を失わないための心得

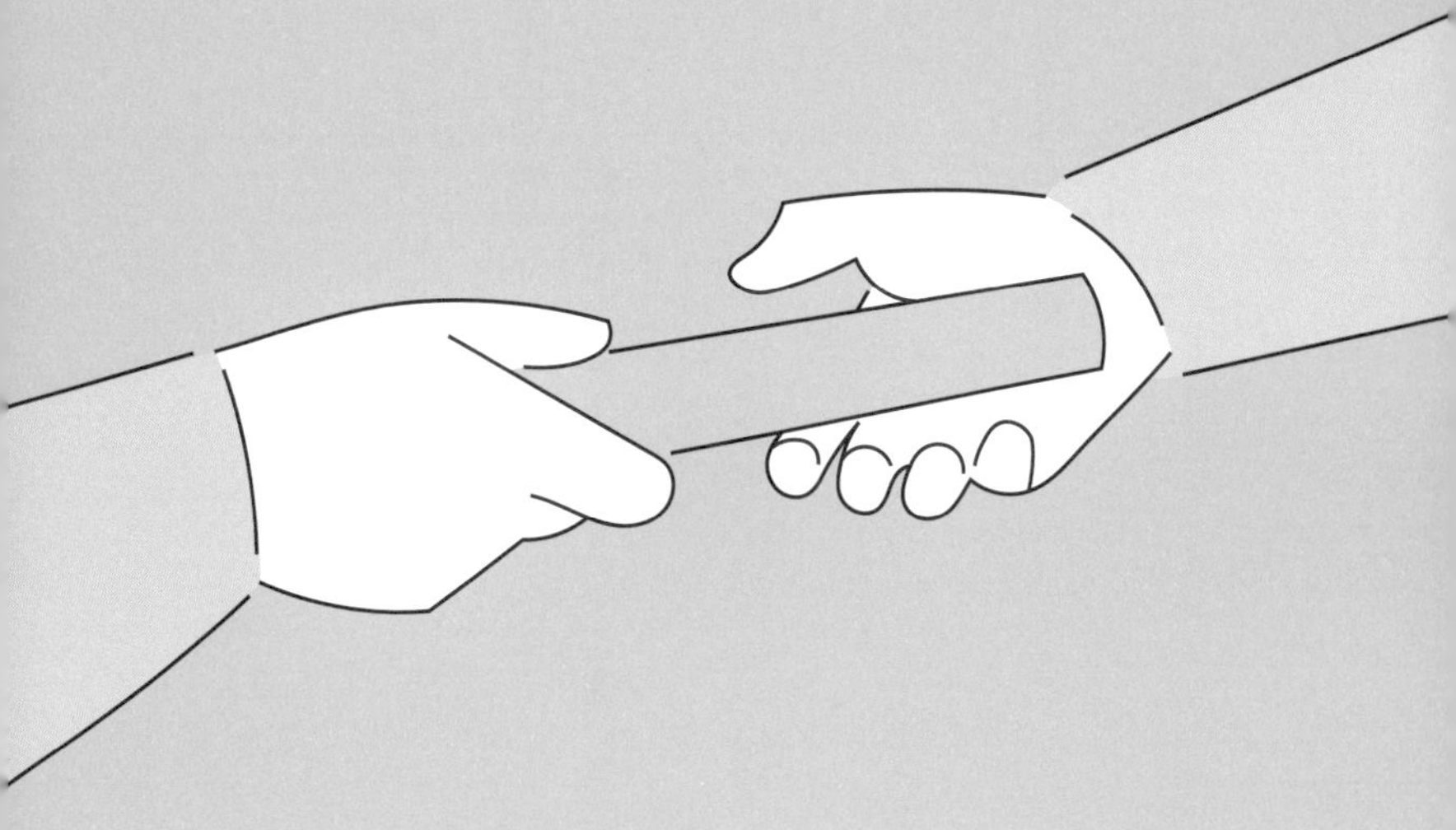

1 判断力・決断力

「判断力」「決断力」は、管理職に求められる大きな能力の一つです。

判断力は「**データや事実に基づいて意志決定する力**」、決断力は「**主観をもとに、強い思いで意志決定する力**」です。

何かを決めるとき必要なのは、まず「判断」です。データや事実など、正しい情報を収集・分析し、様々な意見も聞きながら整理をして判断します。

そして「決断」です。「本当にこれでよいのだろうか、この後うまくいくだろうか」と不安や心配は尽きませんが、自分の判断を信じて、勇気を持って決断します。

このようなことからも、**判断力は頭の問題**、**決断力は心の問題**と言われています。

それこそ危機の際には管理職の判断・決断に依るところが大きいものです。

悩みながらも、しっかりと根拠を持って判断し、勇気を持って決断する。決断したら、その後も前向きに取り組んでいくことが大切です。

決断するのは校長の仕事

学校運営において、最終的に判断・決断を下すのは校長です。教職員と校長では、見えているものが違います。教職員の賛否は参考材料にはなりますが、校長が信念を持って決断しなければいけません。

当然、迷うことはあります。AとBのどちらにも決めきれないという場合や、自分はAと考えるけれど、教職員のほとんどはBの方を推しているという場合もあります。

まずは自分自身でしっかりと判断することです。そして、その判断に教職員が反対であれば、立ち止まってしっかりと議論してみることです。説得できればよし、理解してもらえなければその理由をしっかり分析することです。反対する教職員を納得させられないようでは、校外の関係者や地域の人々を納得させることも難しいでしょう。

決めたらぶれない

迷うときはとことん悩んでください。

周囲の人や関係者ともよく相談もしてください。助言ももらいましょう。

そして悩み抜いた末に判断し、決断したら、あとは迷わないことです。


迷うときは、得てして二つの選択肢が「51対49」という具合に拮抗しています。それぞれに選ぶ理由があり、なかなか決められないものです。

どちらを選んだとしても、大切なことは**選んだあとに「これでよかった」と言えるように努力することです。**その選択がよい結果につながるという信念を持って努力することです。

Aの道を進んでいるのに「Bの方がよかったのでは……」と未練を持ちながらでは、うまくいくはずがありません。おそらくBの道を選んでいても、どこかで「Aを選んでいれば……」と思うことになります。

大切なことは、**Aと決めたらあとは「Aでよかった」と思えるように努力することです。**

二択でとことん悩むということは、どちらにも功罪、メリットとデメリットがあるわけですから、うまくいかないことがあって当然です。

そこで後ろ向きに考えるのではなく、「Bを選んでもうまくいかなくなることはあるはずだ。だからAでよかったと思えるようにがんばろう」と前向きに努力することです。

この努力が大切です。それでこそ困難も乗り越えることができ、結果として「やっぱりA

を選んでよかった」と言えるようになるものです。

決断を下したらそれで終わり、ではありません。決めたところから次の行動が始まります。未練タラタラで悩んでいる時間はありません。**校長が決断したあとで悩んでいたら、教職員は不安になります。**

「これでよかったのだ」と言えるように前を向いて努力することです。決断には行動力が伴うのです。

君子豹変

とは言っても、「この選択は明らかに間違いだ」と気づいた場合は潔く方針を変更することも大切です。

「君子豹変す」という言葉があります。**立派な人物ほど、自分が誤っていることが分かれば、きっぱりと言動を変える**ということです。

中国の古典『易経《えききょう》』の原文をたどると、「君子豹変、小人革面《しょうじんかくめん》」とあります。

立派な人物は、自分が誤っているとわかれば、すぐに心を入れ変え、行動も改める。反対に、つまらぬ人間の場合は、表面上は変えたように見えても、内容は全然変わらない……という意味です。

「決めたらぶれない」と矛盾するようですが、明らかに間違っているとわかりながら意地になって進んでも、事態は悪くなるだけです。いったん口にした前言を翻すことは勇気のいることですが、**「勇気ある撤退」**も時には必要です。

間違いに気づいたら「君子豹変」、勇気を持って、潔く軌道修正することも大切です。

責任をとるのも校長の仕事

第4章の「学校の危機管理」（117頁～）でも記しましたが、決断した以上は腹をくくるしかありません。「何とかなる」という気持ちで臨む。そして責任をとる覚悟を持つことです。

責任をとることも校長の大きな仕事の一つです。部下の失敗でも、最終責任者は校長です。

自分がしたことの責任をとるのは仕方ないと割り切れますが、自分の知らないところで起こったことに対して責任をとるのは、なかなか割り切れないものがあります。でも、それが校長の仕事です。要は「監督不行届」です。

組織の長には、組織の起こした失敗や不祥事に対する監督責任があります。それが最終責任者です。そうならないように管理監督をするから「管理職」というわけです。

事前に予防することが肝心ですが、それでもいつ何が起こるかわかりません。想定内のことであれば対処の方法も用意できますが、想定外のことが起きてしまったらどうすればよいのか。何が起こるかわからないなかで毎日ヒヤヒヤしながら過ごすことになりますが、いざとなれば腹をくくって対処しなければなりません。

このときに**保身を考えるとうまくいきません**。

つい言い訳をしたり、先延ばししたり、責任転嫁をしたり、その場しのぎの答弁をしたり……そうした姿を周囲は見ています。教職員を守ってくれない校長、敵前逃亡する校長……そんな見苦しい姿は後々まで語り継がれていきます。

「次の異動でどこに行くのか、うまく対処しないと飛ばされるかも」などと色気を持っていると、ついつい保身を考えてしまいます。

何か事が起こったときは責任をとって辞めるくらいの覚悟を持って対処すれば、道は開けます。

「**身を捨ててこそ浮かぶ瀬もあれ**」。

いつも辞表を胸に「山より大きな猪は出ない」と腹をくくって臨むことが肝要です。

2 人間は感情の動物

人間は「感情の動物」です。

「人は命令では動かない、状況の理解と納得で動く」と言われています。上位下達で命令しても人は動きませんし、心を込めてよい仕事はしてくれません。難しい依頼をするときはなおさらです。

「今、こういう事態で大変な状況になっている。悪いけどこれを手伝ってくれないか、頼む」と言えば、「協力しましょう」と手伝ってくれます。状況を理解し、納得すれば積極的に動いてくれます。

校長として、いかに人を動かすか

人は、非難や叱責では動きません。ほめて、認めてあげることで意気に感じて動いてくれ

ます。

教職員を動かし、その気にさせる。教職員の心をつかむのがうまい人は、怒るのではなく相手を認める手法を用います。

課題のある教職員にもできる範囲の仕事を任せ、終われば「よくやった」と認めてあげます。職員団体に対してもその立場を認め、教職員全員に知らせるような情報は少し前に分会長に伝えたり、学校の取組について意見を聞くなど、顔を立ててあげます。

きちんと認めることで、人は動いてくれます。逆に怒ってばかりだと、しぶしぶ動いたとしても心を込めた仕事はしませんし、いずれ恨みを買います。当然、人間関係は構築できません。

校長になると人を動かす立場になります。

「自分でやる方がよっぽど早くできるのに」と思いながらも、校長が自ら動いてできることには限界があります。何でもできるわけではありませんし、キリがありません。

教職員を育てるためには仕事を任せること。そして見守りながら適宜、指導助言を行うことです。

校長として指導助言をするとき、どのように声をかけるのか思い悩むこともあります。モタモタしていたり、いい加減に取り組んでいたりするのを見ていると歯がゆくてイライラすることもあります。

いい加減な仕事ぶりを注意すれば、すねたり、落ち込んだり、時にキレたりする人がいます。一方で、ほめて伸ばそうとすると、天狗になり生意気になる人もいます。

とかく人は扱いにくい。そう、**人間は感情の動物**だからです。理屈では動きません。

校長にとって重要なのは、いかに人を動かすか、意欲の向上を図りその気にさせるか。

どうすれば教職員が意気に感じて気持ちよく仕事をしてくれるか、というところが大事です。校長としてそのコツがわかれば、人を動かしやすくなります。

結局は人間関係の中で仕事をしていくわけですから、「人間は感情の動物」を念頭に置いて考えてみるとよいかもしれません。

上司の好き嫌いも仕事に影響？

人間は現金なものです。同じ仕事を頼まれても、好きな人からの頼みなら「多少無理をしてでもがんばろう」という気持ちになりますが、嫌いな人に頼まれたら「今は忙しいので……」と断りたくなります。

好きな上司、素敵な上司、尊敬できる上司から「お茶を入れて」と頼まれれば、お茶の葉を入れ替えて美味しいお茶を出してあげようかという気持ちにもなるでしょう。

しかし、嫌な上司、軽蔑する上司から同じように頼まれたら、適当にお茶を入れます。お茶の葉を変えようとまでは思いません。それが人間です。

好きな人、尊敬できる人は多少の欠点でも許せるけれど、嫌いな人は長所まで鼻につきます。それが感情です。

人は頭でわかっていても、心が納得しないとやる気が出ないものです。**物事が、正論や理屈だけで進めばとても楽なものですが、そこにはいつも感情が伴っています。**

もちろん大人ですから、嫌な人から頼まれても仕事はします。たとえ気分が乗らなくても仕事である以上はこなしますが、どうにも気持ちが入りません。心を込めた仕事はなかなかできません。

そう考えると「部下に嫌われない、軽蔑されない」ということは大切です。迎合する必要はありませんが、それだけの人間性は必要です。

もちろん、部下に信頼される管理職であることが最善なのは言うまでもありません。

人は無視されるとすねる

人は自分が無視をされるといい気がしないものです。

会議の提案事項で、自分も関係者なのに事前に内容や変更点を聞かされていないとカチンときます。「聞いていません」と言いたくなりますし、反対もしたくなるものです。

一生懸命仕事をして成果を出したのに、誰も評価してくれないと寂しい思いをします。「おつかれさまでした」の一言でもよいから声をかけてほしいと思います。そんなことが続くと自分の存在を卑下して、「もういいや」という気持ちにもなってしまいます。

「自分は必要とされている」と実感することが、仕事を続けていくためのやる気につながります。

指示を出すときは相手の気持ちを考えて

人にきちんと心を込めて仕事をしてもらうためには、そう思ってもらえるようなものの言い方、頼み方が求められます。

「どう頼めば相手ががんばってくれるか」は、そのときの人間関係や状況などによります。「魔法の言葉」はありませんが、少なくとも相手が意欲をなくすような言い方は避けなければいけません。

たとえば、当然のごとく上から目線で指示したり、感情にまかせて怒って命令したり……そんなとき、相手はどう感じるでしょうか。


成長を促すために、間違いに対しても注意することは必要ですが、あまり厳しく指導すると逆効果になることもあります。

「なぜそこまで言われるのか」と逆に怒られることに腹が立ったり、恨みに思ったり、萎縮してしまうこともあります。言い方、頼み方一つで、相手のやる気をなくし、結局よい仕事をしてもらえなくなります。

上から目線で接している限りは、教職員の方からは心のドアをなかなか開けてくれません。教職員と信頼関係を構築しようと思えば、人としての気遣いがまず必要です。

「今の若い者は……」

年配の方がいつも言う言葉に「今の若い者は……」という言葉があります。経験豊富な者から見れば、未熟な若者は頼りなく見えるでしょう。

しかし、時代が変われば価値観も変わります。自分が培ってきた価値観は、今の若い人の持つ価値観とは異なっていても当然のことです。年配の方も、実は若い頃には同じように「今の若い者は……」と言われてきていたものです。

「自分の若いときはこうだった」「昔はこうだった」といった類の説教が入ってくるとどうも聞く気になりません。「若い者を十把一絡げにしないでくださいよ」という気持ちにもなります。

学校においても、知識が豊富で実績もある校長にしてみれば、教職員に対して歯がゆくもじれったくも感じるときがあるでしょう。ついつい「こうあるべし」「これからの教育はこうだ」「これからの時代はこうだ」と言いたくなります。でも、それも上手く伝えないと教職員に辟易されてしまいます。

前向きに捉えて、もっと話を聴きたいと受け入れてくれる人もいます。しかし、みんながそう思っているとは限らないのです。

自分も感情の動物

管理職である自分も人間です。腹が立つことも多々あります。気持ちが入るとよけい腹も立ちますし、心を砕いても無視されると腹が立ちます。

また、忙しさやストレスでイライラしているときは相手への配慮ができず、つい強い口調で言い放ってしまったり、ストレートな物言いになってしまったりすることもあります。

でも、**校長は感情的になってはいけません**。何より冷静な判断ができなくなります。また、感情的な物言いはパワハラと捉えられることさえあるでしょう。

一つのポイントは**「クッション言葉」**を使うことです。「少しよろしいか……」「申し訳ないけど……」「忙しいときに悪いけど……」と一言添えるだけで、印象は全く変わってきます。

忙しいときでも、こうしたクッション言葉を使える冷静さと心の余裕が大切です。感情的に物事を進めていると、結局あとの修復に多大なエネルギーが必要になります。

「相手も自分も感情の動物」。人間関係においてはこのことを心に留めておきましょう。

3 口は災いの元

口から吐いたものを「もう一度飲み込め」と言われたら飲み込めますか？

汚い話ですが、普通はそんなことはできません。


では、「もしも飲み込まなければ命はないぞ」と脅されたら？

そのときは死ぬ思いで飲み込むでしょう。

しかし、一度口から出た「言葉」は、どんなことをしても再び飲み込むことはできません。

言葉とはそういうものです。


人間は感情的になると、後先を考えず、つい勢いで言葉を発してしまいます。

一度口にした言葉は事実として残ります。

腹が立ってつい浴びせる罵声、調子に乗ってつい発する不用意な言葉……聞いた人は覚えています。そして発言した人を評価します。時には人を傷つけたり、自分の信用をなくしたりします。

「口は災いの元」ではなく**「口は幸いの元」**としたいものです。

好事魔多し

物事がうまくいっているとき、気分のよいとき、調子に乗ってつい余計な一言を言ってしまいがちです。これも感情がなせる技です。

しかし、その一言が相手をカチンとさせ、怒りを買うこともあります。

「好事魔多し」と言います。**物事がうまく進んでいるときほど、謙虚に。**

「周りの人々のおかげでうまくいっているんだ」という意識を持って、慎重な言動を心がけることが肝要です。

校長の言葉の重み

政治家が失言で失脚することは少なくありません。その多くは、パーティなどの挨拶で冗談のつもりで放った言葉が失言となっています。責任のある立場の人ほど、その言葉には重みと責任が伴うのです。

校長も政治家と同じで、責任を負う立場にあります。冗談で笑いをとろうとしたつもりでも、場合によっては大事になりえます。

とくに保護者会など、校外の関係者を交えた公の場での発言は要注意です。どんな立場の人が聞いているかわかりません。政治や宗教の話にはとくに慎重な配慮が必要です。公教育は政治や宗教に対して中立なのです。

また、今の時代、録音されていることも少なくありません。マスコミ関係者と会話する際も、気をつけないと一瞬にして記事のネタにされてしまいます。マスコミの向こうには何百万、何千万という読者・視聴者がいるということを常に意識しておくことが肝要です。

私たち教育関係者の言葉には重みがあります。「学校の先生があのようなことを言ってよいのか」といった苦情も聞きます。子どもたちに向けて話した内容であっても、子どもたちは家に帰って話をし、保護者の耳に入ります。

配慮に欠ける不用意な発言にはくれぐれも気をつけなければいけません。

腹が立ったときは一呼吸おいて

カチンときたとき、腹が立ったとき、思わず口から出る言葉。一度口から出てしまうと収まりがつきません。一方的な思いこみや早とちりであったりすると、結局こちらから謝罪することになります。

そのうえ、「あの人はキレやすい人だ」とレッテルを貼られてしまいます。「あの人には近寄らないでおこう」と、周囲から人が離れていきます。

多くのことには事情があります。カチンときても、まずは冷静に事情を聞いてみましょう。そうすれば、相手の意図や状況が理解できることも多いはずです。

知ったかぶりは信用を失う

相手にいい格好をしたくて、根拠もなくその場の流れや思いつきで色よい返事をしてしまったり、知ったかぶりをしてしまったりすることもあるかもしれません。

これも自身の感情です。「よく思われたい、知らないと思われたくない」という潜在的な感情から、つい安請け合いをしてしまうのです。

そのまま無事に終わればよいのですが、よくよく調べてみるとできないことを引き受けてしまっていたり、訳知り顔で言った内容が間違っていたり、結局知らないことが露呈してしまったりと、周囲の信用を失うことにつながります。

できないことはできない、知らないことは知らないと言えばよいのです。そのことで評価が下がることはありません。知ったかぶりがばれる方が評価は下がります。

悪口は自分に返ってくる

管理職の資質として、人の悪口は言わないことです。

本人に直接言えば注意や指導になる内容でも、本人のいないところで言いふらすのは悪口です。**悪口は天につばするのと同じで、いずれ自分に返ってくることが多いものです。**

人の悪口ばかり言っている人に対して、周囲の人はどう思っているでしょう。「この人はいつもみんなの悪口を言っている。おそらく自分がいないときは、自分の悪口も言われているんだろうな……」と思います。「この人には本音で話をするのはやめよう」「嫌われないように適当に話をしておこう」と、離れていってしまうことになります。

守秘義務――秘密は必ず守る

秘密は守らないといけません。職務上の秘密、「あなただけに話す」と言われた話、いろいろな秘密がありますが、それを他人にしゃべる人は信用されません。人との付き合いの中で最も大切な信用と信頼を一瞬にして崩壊させてしまいます。

地方公務員法では、服務規定に違反して秘密を漏らした者は罰則として1年以下の懲役または50万円以下の罰金に処すると定められています。

それだけ守秘義務は重いものです。しかも、公務員の守秘義務は退職してからも一生続きます。

4

江戸の敵に長崎で討たれる

「江戸の敵を長崎で討つ」ということわざがあります。

江戸と長崎は地理的に非常に離れていることから、「かつて受けた恨みを別の場面で、仕返しをする」という意味です。

もともとの語源は「江戸の敵を長崎が討つ」だったようです。江戸の職人が大阪の職人に人気をさらわれて悔しく思っていたところ、こんどは長崎の職人が人気となって大阪の人気は下火になり、江戸の職人は溜飲を下げた、とのことです。

つまり、大阪に負けた江戸の敵を「長崎が」討ったということわざが「長崎で」に変わり、先に述べた意味で使われているとのことです。

「人間は感情の動物」です。自分に非があると分かっているときに普通に叱られる分には、謝罪もし、素直に反省するでしょう。

しかし必要以上に責められたり、理不尽な仕打ちを受けたり、人前でプライドを傷つけられたり、人格を否定されたり、罵倒されたり、恥をかかされたり、屈辱を受けたり……そうすると、相手を恨む気持ちが生じてきます。

「こちらが悪いのはわかっているけれど、なぜそこまで……」と反省の気持ちが怒りに変わり、「何かあったときに仕返しをしてやろう」と恨みを募らせていきます。

そうなると後日、別の場面で協力を得られなかったり、邪魔をされたりして事がうまく進まないという事態が生じます。まさに「江戸の敵に長崎で討たれる」わけです。

敵をつくらない

そうならないようにするためには、**敵をつくらない**のがベストです。主義・主張でどうしても譲れない点はあるかもしれませんが、敵にする必要はありません。つくらなくてよい敵はつくらないに越したことはありません。

相手に対して本気で腹が立ったときでも、相手が十分反省していれば必要以上に厳しく責めないことです。

立場を変えて見たときに、自分が言われたらどう思うかを想像してみることです。

過ぎたるは猶及ばざるが如し

「過ぎたるは猶《なお》及ばざるが如《ごと》し」、物事は勝ち過ぎるのも善し悪しです。

とくに、人前で相手をコテンパンに叩いてしまうとプライドが傷つきます。時には恨みも残ります。その恨みはけっして消えずに心の中でくすぶり続けます。そのときはうまくいっても、別の場面でその恨みを晴らされることになります。

人との論戦や仕事のうえでの競争、交渉事でも勝ち過ぎはよくありません。勝ち過ぎは禍根を残します。また、自身にも慢心や奢りが芽生えます。このことは後の災いになります。

かつて東京電力の社長で、経団連の会長もされた平岩外四氏は「一〇対〇みたいな勝ち方をしては絶対にいけません」「企業も人生も負けたら絶対だめだが　六対四で勝つのが一番いいのです」と語っています（大野誠治『人間　平岩外四の魅力』中経出版、1994年、38頁）。

相手にも立場があり、体面やプライドがあります。8割方勝って、残りを相手に譲り、顔を立ててあげる思いやりが必要です。

情けは人の為ならず

「人間は感情の動物」。これをよい意味で捉えると、人は誰しも相手の恩義には報いたい、応えたいという思いを持っているということです。

海外のことわざに「人を指差しているとき、人差し指以外の3本の指は自分の方を向いていることを忘れてはならない」というものがあります。

人に対して言ったこと、したことは、3倍になって自分に返ってくるものです。

情けは人の為ならず。「江戸の敵に長崎で討たれる」ではなく、「江戸の恩義を長崎で返される」ようにしたいものです。

5 相手の立場で考える

お互いが相手を信頼しあうためには、相手の立場を尊重することが大切です。**物事を進めるときや議論をするときも、常に相手の立場で考えることが必要です。**

相手の立場から見て理解できる言葉、伝わる言葉での説明が求められます。

たとえば、ものの見え方は見る方向によって異なります。

円柱の形をしたものを真上から見た人からは、それは「丸い物体」に見えます。一方、真正面から見た人の目には「四角い物体」と映るでしょう。そこで「どういう形だったか」と聞かれると、答えが食い違うことになります。

お互いに自分の見たものが正しいと信じていますから、一歩も譲らず挙げ句の果てには大げんかになってしまう……。

そんなとき、少し冷静になって、相手の視点に立って見てみると見え方が変わります。

そして、実はそれが円柱であったことに気づくと相手の主張も正しかったことがわかります。お互いに間違ったことは言っていなかった、それならどうするかという次の議論になります。

視点を変えると、物事のいろいろな側面が理解できます。**お互い見えていなかった部分を理解することで、議論の着地点も見えてきます。**

方法は一つだけではない

教育という営みは、結果がすぐに出ないことも多いものです。そのため、一つの手法が正しいかどうかわからず意見が対立することも多々あります。しかし、お互い相手の視点で見直してみることで、解決の糸口が見えてくることも少なくありません。

目標や到達点は同じでも、アプローチの方法は幾通りもあります。アプローチが違えば途中のプロセスも異なります。自分の案が唯一絶対ではありません。

教職員はみな「子どもたちのために」という点では同じです。目標が同じであれば、相手の視点でものを見ることで理解し合い、よりよいアプローチが見えてくるはずです。

「自分が正しい」と思っているときこそ冷静に

人は議論をするとき、「自分の考えが正しい。相手はわかっていない、間違えている」と思うと躍起になります。自分の考えをわかってもらおうと熱弁を振るいますが、相手も同じように「自分の考えが正しい」と思っていれば、主張を通そうと必死で説明してきます。そしてお互いに相手の意見を否定し、攻撃しあったりすることにもなります。

そうならないためには、自分の主張を相手が理解してくれるような説明の仕方が必要です。**一方的に主張するのではなく、まず相手の立場や考え方を理解することから始めましょう。**そのうえで相手の立場、視点に立った説明が大切です。それができれば相手もこちらの気持ちを受け止め、理解を示してくれるようになります。

校長は教職員の立場、視点に立って考えることができます。以前は自分もその立場であったのですから。でも教職員には、校長の立場や視点に立って考えることは難しいのです。そのことも理解しておきましょう。

このように相手の立場に立って考えるのは接遇の基本です。私たちはつい自分のことが中心になりがちですが、接遇は相手中心主義です。気をつけたいものです。

苦情対応も相手の視点で

苦情対応についても同じことが言えます。苦情を訴える人に、一生懸命こちらの正当性を力説してもなかなか理解してもらえないことは少なくありません。

それよりも、**まずは相手の気持ちをきちんと受け止めることが必要です。**

学校の対応に腹が立っている、困っている、何とかしてほしいと苦情を訴えているのに、すぐさま反論されると、あたかも自分が間違っていると言われたように感じ、振り上げた拳の下ろしどころがありません。

まずは丁寧に話を聞くことです。傾聴です。第2章の「教職員の思いを受け止める」(32頁~)でも記しましたが、うなづきやあいづち、繰り返しや言い換え、話の要約をしながら聞きましょう。相手が最初から興奮しているような場合はお茶を出したり、「わざわざお越しいただき申し訳ないですね」と気持ちをほぐしながら話を聞きましょう。話の途中で反論したくなる点があっても、そのつど反論していたら相手もいい気がしません。「私の話を聞け！」とさらに怒りが増します。一通り話を聞いて、「おっしゃることはわかります」と相手に対する理解を示すことが大切です。

そして一部でも謝罪すべきところがあれば、「ご心配をおかけして申し訳ありません」「説明不足で申し訳ありません」など、限定的な謝罪をすることもポイントです。これは限定して謝罪するものですから、非を認めているわけではありません。相手はまず謝罪の言葉を求めていることが多いのです。苦情に対して謝罪の声を聞くと、相手も振り上げた拳をいったん下ろしやすくなります。

相手が拳を下ろしたところで、初めてこちらの話を聞いてもらえるようになります。

話はそこからです。相手も落ち着けば聞く耳を持ってくれます。こちらの考え方を丁寧に説明し、改めて理解を求めていきましょう。

最初から対決姿勢だと、相手も簡単には拳をおろせません。そもそも喧嘩をするつもりで来ているのではなく、「話を聞いてほしい、なんとかしてほしい」と思って来ているのです。

相手にわかる言葉で話をすることも大切です。ついつい「カリキュラム」や「学活」など教育用語や略語、カタカナ語を使いがちですが、誰もが知っているわけではありません。教育関係者以外の人に伝わらない言葉で説明しても、わかっていただけません。わかりやすい言葉で説明をしないと、上からものを言っているように聞こえて、そのことでもまた気を悪くしてしまいます。そうした細かいところにも配慮する必要があります。

安易な発言は禁物

苦情を訴える方が感情的になっていたりすると、ひるんでしまって、つい余計なことを言ってしまいそうになります。

安易な発言をすることで相手は気をよくするかもしれませんが、変に期待を持たせてしまうと、あとで余計にこじれることになります。慎重に発言することが大切です。

いい加減帰ってほしいから、「おっしゃる通りにいたします」と安請け合いしたり、非を認めて全面的に謝罪したり、関係をよくしようと教える必要のない情報まで提供したり……心の中に逃げたい気持ちがあると、早く楽になりたいから、ついそんなことを言いたくなります。

でも逃げるわけにはいきません。できないことはできないし、ダメなことはダメです。そこでブレてはいけません。

怒ったら負け

そして何より**怒ったら負け**です。

感情的になれば、収まるものも収まりません。相手が感情的になっているときに、相手に対して強く言い返しても、相手は納得するどころか、ヒートアップするだけです。

しっかり話を聞いて対応できていれば30分で帰ってくれるところが、「その物言いは何だ？」と新たな苦情が始まり、さらに時間がかかることになってしまいます。

怒っている相手に対して同じように怒るのは、相手の土俵の上で相撲をするようなものです。相手が怒っているときこそ、感情的にならず冷静に向き合うことが大切です。

苦情を真摯に受け止めることで、相手は思いをきちんと伝えた、受け止めてくれたと気持ちが収まることが多いのです。話をよく聞いてあげるだけで収まることも多いものです。

苦情対応は大変です。長引く場合は1年、2年と時間がかかるものもあります。それでも必ずどこかで終わりはあります。一生続くことはありません。

気持ちを大きく持って、相手に寄り添いながらも是々非々で対応しましょう。

6 ことばの力

校長の言葉は自分が思っている以上に重たいものです。

校長はあまり意識していなくても、教職員は校長が話した言葉をけっこう重く受け止めているものです。

ですから、冗談のつもりでも、校長が言うと冗談にならないこともあります。とくに人事や異動の話には敏感な教職員も多いため、要注意です。

校長の発言はどこで話そうと校長の発言として捉えられますし、その影響は大です。ましてや、職員会議や式典での挨拶など、公的な場での発言は慎重にしなければなりません。

一方で、**校長の言葉によって信頼を培っていくこともできます。**校長は前に立って挨拶をする機会も多いですし、職員会議など教職員の前で発言することも多くあります。話の内容、表現、話し方を工夫することで人間性もアピールすることができます。

スピーチの際は原稿を用意する

入学式や卒業式の挨拶、いわゆる式辞は巻紙に書いて残すものですから、原稿を考えて推敲し巻紙に記します。昨年、一昨年に何を話したかということも巻紙を見ればわかります。そこまで丁寧なものでなくても、校長としての挨拶や職員会議で話をする際は原稿をつくることです。

ウィットも交えながら伝えたいことを要領よくまとめつつ、誰が聞いているかわからないという視点で失言がないようチェックする。おおよその時間も計りながら、時間内に収まるように修正する、というふうに推敲していきます。

それを繰り返していくことで原稿を覚えることもできます。原稿を見ながら話すより、聞いている側に目線を向けて話す方がよいのは言うまでもありません。

聞いている人たちの顔を見わたしながら、気持ちを込めて挨拶することです。それでこそ熱い思いが伝わります。そのためには内容を覚えておかなければなりませんが、推敲を重ねるうちに、おのずと重要な部分は覚えられるものです。

また、原稿は残りますから、いつ何を話したかを確認できます。子どもたちへ話をするときも「その話、前にも聞きました」ということがなくなります。

教職員に向けての話の場合は、職員会議等で話をしていても、のちに「そんな話は聞いていません」と言われることがあります。教職員も居眠りしていたり、上《うわ》の空で聞いていなかったり、忘れてしまったりということはままあることです。しかし原稿があれば、「〇〇日の職員会議で伝えました」と自信を持って説明することができます。

原稿を残しておいたことが2年後、3年後になって生きてくることもよくあります。

文末表現が持つ効果

場面にもよりますが、校長の思いを伝えるときの文末表現にも留意しましょう。

たとえば**「私はこう思います」**と**「私はこう考えています」**。意志が明確なのはどちらでしょうか。

「思う」は感覚的なものですが「考える」には意志があります。

「どちらがよいですか?」と問われて「こちらがよいと思う」では感想めいていますが、「こちらがよいと考えている」と言われると、しっかり考えて決めたんだという明快な意志が伝わります。その理由もきちんとあるように聞こえます。

別の例としては「～できるように努力したいと思います」と「～できるようにします」。聞いた方はどんな印象を受けるでしょうか。

「努力したいと思います」についてですが、まず「努力」、心をこめて努めるとは言っているものの、実現を保障する言葉ではありません。そして「したい」、これは願望です。文末は「思います」。思っているだけです。結局、「努力する」とは言っていません。少し逃げが入った表現です。

それに対して「～できるようにします」と言い切る方が力強く、頼もしさが伝わります。

「～したいと思います」という言い方は丁寧で謙虚な印象を与えはしますが、一方で自信のなさや責任逃れを感じさせることもあります。

また、「感謝したいと思います」より「感謝します」の方がより気持ちが通じます。文末の表現だけで印象も変わります。

もちろん、場面によっては謙虚に「これからもがんばりたいと思います」とか、率直に感想として「とてもありがたいと思っています」と言う方がよい場面も多くあります。

しかし、いじめ問題が起こったときに「今後は二度といじめが起こらないように努力したたいと思います」と「今後は二度といじめが起こらないように取り組みます」では、後者のように言い切る方が聞く人に納得してもらえます。危機のときに判断を求められて「こうするのがいいように思います」では頼りない印象を与えてしまいます。

自分の思いをしっかりと伝えたい、伝えなければいけない場面では自信を持って言い切る表現を用いることも大切です。

胸を張り自信を持って話す

校長として話をするときは、胸を張り、自信を持って話してほしいものです。

原稿をつくっておけば自分の話に自信が持てます。伝えたいことが明確であれば言葉の端々に思いが込められます。

校長の話はみんなが聞いています。そして評価されます。**校長の話一つで信頼を得たり、信頼をなくしたりすることがあります。**

校長の言葉の重みをかみしめながら話しましょう。

7 信頼を損なう四字熟語

みんなが嫌がる「依怙贔屓」

「依怙贔屓《えこひいき》」する人は嫌われます。

子どもの頃から、人はえこひいきには敏感です。ひいきをしてもらっている分には鈍感でも、他の人がひいきされていることには敏感です。えこひいきしているのが校長ならなおさらです。

でも校長はそのことに気づいていないかもしれません。

コミュニケーションをとるためにせっせと「飲みニケーション」を図ろうと、「今日は帰りに一杯どう?」という感じで教職員を誘う。「よし、これで教職員との関係も構築できる……」と自己満足。職場でもよく相談に来てくれたり、意見を言ってくれたりする。「飲みニケーションの効果だなぁ」と満足します。

でも、その陰では「いつもお気に入りの人とばかり飲みに行っているし、その人たちの意見ばかり採り上げている」と思われているかもしれないのです。

「自分が声をかけやすい人に声をかけて、その人たちの意見をよく聞く」というのは、周囲からはひいきをしていると思われてしまうことがあります。意図していなくても、周囲がそう受け止めかねない行為をしてしまっていることはままあることです。

校長も人間です。自分の考えに共感してくれ、学校運営にも協力してくれる人には好感をもちます。その人が何かを頼んできたらできるだけ支援してあげようと思うのは、人として普通の気持ちです。

一方、いつも文句ばかり言って協力しない、校長の悪口ばかり言っている人が頼みごとをしてきてもあまり支援したくない。これも普通の気持ちです。

校長という職にある以上、これらの普通の気持ちをコントロールする必要があるわけですが、知らず知らずのうちにひいきしてしまっているということもあるのです。

「校長になればみんなが見ている」ということを肝に銘じなければいけません。校長はえこひいきしていると思われたら、教職員は聞く耳を持ってくれなくなります。**いつも耳に痛いことを言う人ほど近い存在にしておく**ことが大切です。

やっぱり嫌だと「敵前逃亡」

学校が大変な状況で姿を隠し「敵前逃亡」する校長は教職員から信頼されません。

散々罵倒される理不尽な苦情対応、学校の不祥事に対する記者会見、全員が断固反対している事案に臨む職員会議など、校長をしていると何度かは逃げ出したくなる場面に遭遇するものです。

校長は学校の最後の砦、校長がしくじったら後には誰もいません。だから「校長が出るのは最後、ここは教頭が対応するのがよい」と教頭に預ける校長がいます。

もちろん事案や状況によっては教頭が対応する方がよいこともありますし、教頭の対応で十分ということもあります。

ここで大事なのは「**校長が逃げている、及び腰になっている**」と**思われないこと**です。

教頭に任せるなら確信を持って任せましょう。学校に乗り込んでこられた場合でも、教頭に任せつつ学校には残って様子を見守ることです。「何かあったら最後は校長が出てきてくれる」という安心感を持って対応してもらうことです。

「もしも校長室に怒鳴り込んでこられたら困るから別の部屋にいます」とか「校長がいるとわかれば校長を探しにくるから先に帰ります、明日報告してください」と言ってしまうようでは、「校長は逃げている」と思われます。

最後まで校長室でどんと構えて待機しておいて、応対が終われば「おつかれさま」と労をねぎらってあげたいものです。

奢って媚びる「諂上欺下」

上にペコペコして、下には威張り散らす「諂上欺下《てんじょうぎか》」。そんな校長は信頼されません。

教育委員会から人が来たらもみ手して出迎え、無理難題でもニコニコと引き受ける。教職員に対しては手のひらを返したように、無理難題をそのまま押しつけ、仕事が滞れば厳しく問い詰める……そんな露骨な人はいないと思いますが、もしいたら信頼関係の構築は難しいでしょう。

教職員から見ると、教育委員会は上司に当たることもあり、校長は教育委員会に頭が上がらないように見えるかもしれません。

しかし、**校長は学校の代表**です。学校には子どもがいて、その後ろには保護者がいます。教職員もいます。その大きな組織体の代表です。

学校の実態や現状を熟知しているのは校長ですから、教育委員会も校長の声は尊重します。最終的に教育委員会の指導には従いますが、そこに至るまで、校長は言うべきことは言わねばなりません。そうして校長と教育委員会はお互い連携を密にし、学校のため、子どもたちのためにともに協調して取り組んでいく必要があります。何でもかんでも二つ返事で「教育委員会のおっしゃるとおり」ではありません。

たとえ上司に対してでも言うべきことをきちんと言える校長、教職員に対しても厳しく指導しながらフォローを欠かさない校長……そんな平素の行動を周囲は見ています。

奢《おご》る必要も、媚《こ》びる必要もありません。**「奢らず媚びず」**です。

いつも偉そう「傲慢不遜」

校長になると急に偉そうにする人がいます。

それまでは偉ぶることもなく、教頭としても黙々と仕事をし、献身的に努力をしていた人が、校長になったとたん、態度が大きくなる……どうしてでしょうか。

校長になり、権力を手に入れた感覚になるのでしょうか。中身がないのを見透かされると困るから偉そうにしているのでしょうか。それまでは、校長になるためにひたすら耐え、上司からの評価を気にして、朝一番に職場に来て夜は最後に帰る。そんな生活をしてきた反動でしょうか。

学校のトップに立った気分で、人に指示をしたくなる。そうすると指示通りに動いてくれる。うんうん、いい感じ、と思っているうちに、「人が動くのが当たり前」と思い始めると始末が悪いです。こんな校長は嫌われます。


校長になれば何もしなくても周囲は校長として見ていますし、嫌でもそう見られてしまいます。控えめにしていても十分目立っています。だからこそ、慎まなければ偉そうに見えてしまいます。

教職員の仕事がうまくいかないとき、校長が「なんだ、そんなこともできないのか……」と言ってしまえば、偉そうに聞こえます。同じ言葉を同僚が口にするよりも、立場が上の者が言えばはるかにきつい言葉になってしまいます。

周囲が頭を下げたときに、その分ふんぞり返る人は嫌われます。周囲の人が敬意を表してくれたときに当たり前のような顔をしていては尊敬されません。

傲慢な人は嫌われますし、不遜な人は尊敬されません。

そして**「裸の王様」**にならないように気をつけましょう。

傲慢でいると周囲の人のレベルが低いように見え、周囲の声を聞こうとしなくなります。校長である自分には教職員には見えない景色が見えている、と思うと教職員の意見はどれも「大局を見ていない、わかっていない」と感じてしまいます。「学校改革案を出せ」と言っても課題ばかり出して後ろ向きで全くやる気が感じられない。それならと校長が案を出してもできない言い訳ばかりでいつも否定する。その様子を見てついつい説教をしてしまう……。

そのうち、教職員は「どうせ怒られて説教されるから」と意見が出せなくなります。校長と話をするといつも「意欲がない」とか「やる気がない」と説教される……やがて校長を敬遠し、近寄らなくなります。校長を諫《いさ》める人はいなくなり、一人暴走し、学校運営を誤ってしまいます。

まさに「裸の王様」です。そうならないよう、校長には常に自戒の念が必要です。

校長になったその日から校長として完成しているのではありません。より信頼される校長になるために研鑽を重ねていかねばなりません。

実るほど頭《こうべ》をたれる稲穂かな。

何事に対しても、誰に対しても、常に謙虚であることで、いくつになっても成長していけるものです。

やってはいけない「責任転嫁」

校長に報告のないまま教職員の間で対応が進んでいて、トラブルが大きくなってからようやく相談にやってくることがあります。「何も聞いていなかったのに尻拭いをさせられるのか」と思いながらも、収拾をつけるために校長が頭を下げなければいけないことがあります。

自分の責任でなくても頭を下げる、ということも校長の仕事のうちです。

自分は知らなかった。こうならないように校長として注意もしていた。自分の責任ではない。なぜ自分が謝罪しないといけないのか。なぜ矢面に立って非難されなければならないんだ……そう思うかもしれません。しかし、知らなかったからと**教職員の責任にしてしまったら、今後その校長には誰もついてこなくなります。**

確かに自分は知らなかったし、悪くないかもしれません。注意もしていたかもしれません。

それでも謝るのは校長です。

誰しも自分の身はかわいいし、良く思われたいものです。ミスは自分の責任だと思われたくはありません。

しかし、教職員に責任を押しつける姿を上からも下からも見られています。校長には管理監督責任があります。教職員のミスでも、学校としてのミスは校長の責任です。

校長が責任を教職員に転嫁するのはお門違いです。

失敗は自分の責任、成功は教職員の手柄。この姿勢が大切です。

「酒入舌出」、宴席でも「油断禁物」

「酒入舌出《しゅにゅうぜっしゅつ》」の語源は中国の故事です。春秋時代、斉の桓公が大臣たちに酒を振る舞ったとき、宰相の管仲《かんちゅう》が酒を半分ほど飲んで棄てたのを見て、それを咎《とが》めると管仲は「酒に深く酔うと失言する恐れがあるので、失言して身を棄てるよりは酒を棄てる方がよい」と答えた……という故事からできた四字熟語です。

飲み会は貴重な人間関係構築の場、また情報収集の場でもあります。

しかし、調子に乗って飲み過ぎるのは要注意です。飲めば機嫌がよくなり、機嫌がよくなればにぎやかになります。楽しい会話には冗談もポンポン飛び出しますが、そこで思わぬ失言をしてしまう恐れがあります。

笑いをとろうと発した言葉がセクハラ。議論がどんどん勢いづいて、気持ちも高揚していき、大論争に。勢い余って厳しい言葉を発してしまいパワハラ。「飲めや歌え」で盛り上がり、「わしの酒が飲めんのか！」とアルハラ……。

また、言わなくてもよい話を「ここだけの話」として話してしまうことも気をつけましょう。秘密を話すのは御法度です。個人情報もいけません。大きなプロジェクトの内容も、まだ公にできないことを話してはいけません。

お酒が入るとついしゃべりたくなって、井戸端会議並みに「誰がどうした、こうした」という話が飛び交います。一般的な話のうちはよいのですが、当人が嫌がるような話題は避けましょう。冷静になればわかる話です。

「無礼講」にも気をつけましょう。酒の席での会話であっても、覚えている人はしっかり覚えています。くれぐれも「油断禁物」、飲み過ぎ・しゃべり過ぎには気をつけましょう。

右往左往の「朝令暮改」

校長がスピード感のある行動をとることは大事です。決断できずにうだうだ考えていたら教職員は信頼してくれません。

一方で、校長の言うことが「朝令暮改」、コロコロ変わるようでは、教職員はどうにも動きようがありません。

トラブルが起これば早期対応・早期解決が基本、素早く対応策を指示して「これで大丈夫だ」と一息つく。そのうちに新たな事実が判明、「ちょっと待て、さっきの対応策では裏目じゃないか！さっきの指示は取り消し、こうしてくれ、ここはこうするのが万全だ」と変更。そうしているうちに、教育委員会から連絡が来てこれまた違う対応策を指示してくる。結局動かない方がましだったかもしれない……そんなことが起こるかもしれません。

スピード感は大切ですし、初期対応も重要です。

初期対応で失敗すると二次被害、三次被害へと波及していきます。大切なのは基本方針です。初期対応ですべて完結するものでもありません。当然新たな事実が判明してくるでしょうし、初期対応によるハレーションなども起こってきます。

そうしたことを考慮し、想定しながら事を進めて行かなければなりません。そのためには、全方向にアンテナを張りながら着実に歩みを進めることです。

一旦下した決断を校長が翻すのは勇気のいることですが、時にはそれも必要なことがあります。いずれにしても**右往左往していると思われてはいけません**。指示が二転三転し、校長があたふたしている姿は教職員にとっては不安でしかありませんから。

何度も悩む「優柔不断」

周囲の人の意見をよく聞く。これはとても大切です。自分の独断で取組を進めるのではなく、教職員の思いを聞くことはもちろん、関係者の声をきちんと受け止めることも大切です。

ただ受け止めすぎると、それぞれ一理も二理もあるがゆえに、右か左か、前か後ろか、選択肢もどんどん増えてきます。どれもこれも貴重な意見で正論でもあります。

しかし「優柔不断」は優しさの表れ……**どの人の意見も尊重しようとすると結論が見えてきません**。

時間だけが過ぎていき、「どれでもいいから早く決めてくれ」と言われた日には校長失格となってしまいます。

まずは自分の思いを持ちましょう。

そして自分の思いを修正する必要があるのか、周囲の意見を取り入れる余地はあるのか。自分の思いをベースにしながら修正するために周囲の声を聞きましょう。

まちがっていれば素直に変更すればよいですし、周囲の声を聞きながら改善していけば、大きな抵抗もなく何とか前に進んでいくものです。

何事も**校長としての思い**が必要です。そのうえで周囲の声を参考にし、改善すべきは改善し、説得すべきは説得する。基本は自分の思いです。

思いや信念、ビジョンのない校長には教職員はついてこないものです。

肝の据わらぬ「小心翼々」

校長は判断し、決断するのが仕事です。

重大な局面での判断は難しいものです。どの選択肢も正しく思えて確信が持てません。それでも校長としていずれかの判断をし、決断をします。大切なのはそのあとです。

一旦決断を下したら、あとはその方向で前を向いて、自信を持って進めていくことです。

ところが、決めた後に迷い始めることもよくあります。

「本当にこれでよかったのだろうか」「あとでまた大変なことにならないだろうか」と、いつまでたっても落ち着きません。内心ヒヤヒヤしながら薄氷を踏む思いで過ごします。重大な局面で決断を下したあとは誰しもそうなるものです。

ただ、**その不安を態度や表情に出してしまうと、周囲も不安になります。**教職員も校長の不安な様子を見て心配になります。校長も教職員も「これでよかったのか、大丈夫か」とリスクばかりが気になり、負のスパイラルに陥っていきます。これでは組織は内から崩れていきます。

決めたあとは「泰然《たいぜん》自若《じじゃく》」。校長は嘘でも堂々としていること、それでこそ周囲も安心し、落ち着いて行動できます。リスクが発生するのも検討済み。内心は不安であっても、検討を重ねたうえでの判断です。何か起これればそのときはまた腹をくくって対処すればよい。命まで取られることはありません。「最後は辞表を出したらいいんだ」と開き直りましょう。

それよりも、びくびくしている方が校長の信頼をなくしてしまうことに留意しましょう。

第6章

教育委員会との信頼関係をつくる

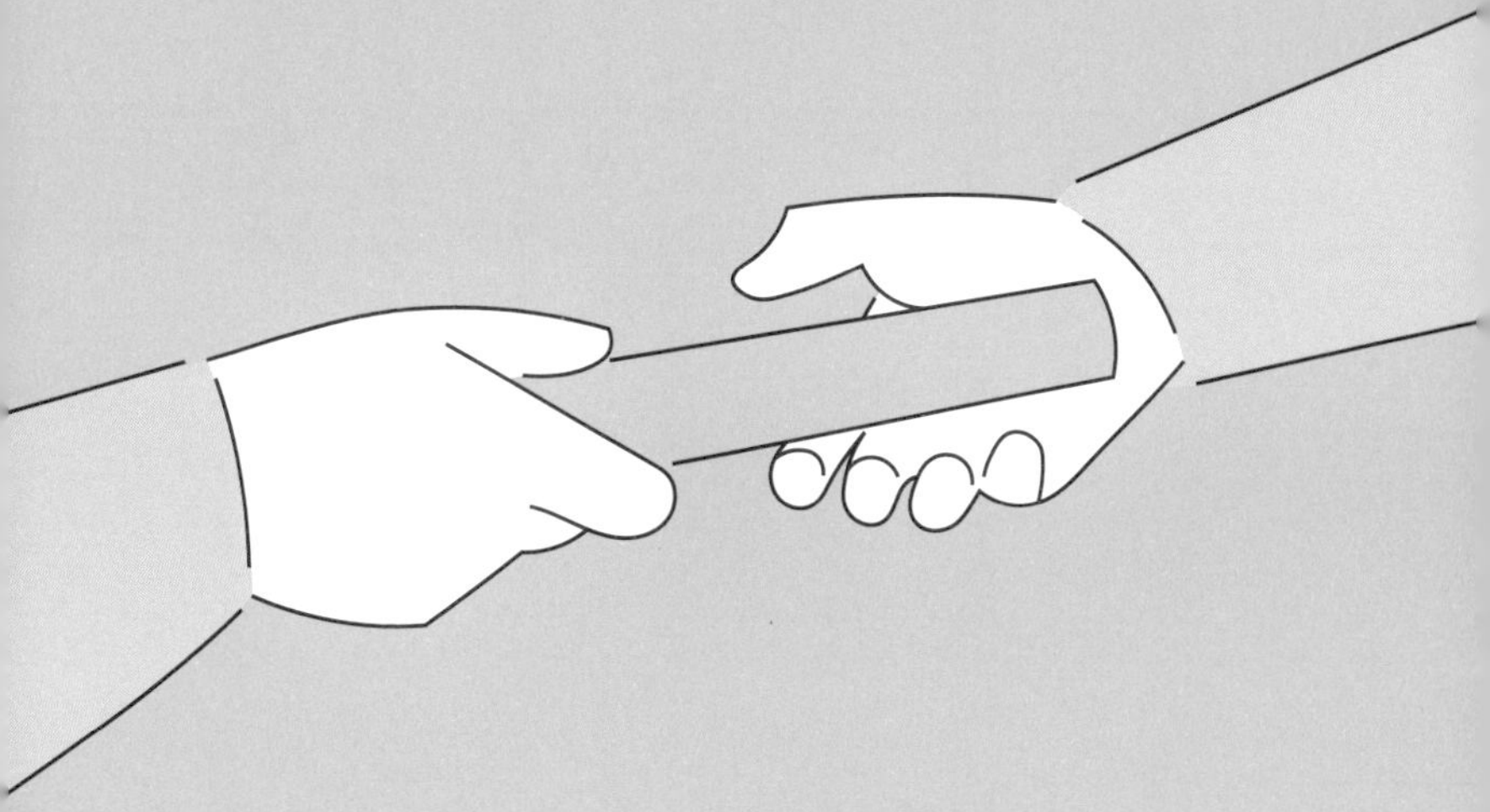

1 教育委員会の仕事を知る

管理職になると、教育委員会との関係を抜きに仕事をすることはできません。

学校や教職員を管理している教育委員会は、何となく煙たい存在に感じることもあると思います。教育委員会事務局の中で仕事をした経験がなければ、苦手意識を持つ人も少なくないかもしれません。

しかし、実は学校にとってとても頼もしい存在でもあるのです。校長が教育委員会とよい関係を構築することは、自校の教育を進めていくうえでとても重要です。

教育委員会がどのような思いを持って、どのような仕事をしているか。それを知り、理解することで、学校運営にあたっての強い味方にもしていけるものです。

学校をリードしつつ、支援する

教育委員会の学校教育に対する大きな仕事の一つは**「学校をリードするとともに学校を支援する」**ことです。

教育委員会は学校に対して、これからの教育の方向性、求められる力、培うべき力などを示します。たとえば「これからの教育では、変化の激しい社会をたくましく生き抜く力を培う必要がある」「『個別最適な学び』と『協働的な学び』の一体的な充実を図り、『主体的・対話的で深い学び』の実現に向けた授業改善が求められる」「いじめの問題はどの学校にも、どの子どもにも起こり得るという認識のもとで取り組み、子どもたち一人ひとりを大切にする教育を推進する」……というものです。

そして、生徒指導や特別支援教育、道徳教育、キャリア教育、環境教育や防災教育など様々な取組への指導助言を行うとともに、働き方改革や教員不足、教育の情報化やsociety5.0に向けた人材育成、学校安全、子どもの貧困対策といった課題に対する施策を実施します。

それだけでなく、学校訪問をして、研究授業を見て、研究協議を交えて指導助言を行い、幹部職員に対して学校運営についての指導助言を与える……。これらは教育委員会の指導主事の基本的な仕事です。

同時に、教育委員会は現場を支援します。学校現場はそれぞれ様々な課題を抱えながらも一生懸命取り組んでいます。教育委員会はそれをしっかりと支援していく必要があります。生徒指導の問題などで学校が困っている場合は、指導主事を派遣して一緒に対応に当たったり、いろいろな事例を参考にして適切な助言・アドバイスを行ったりします。校舎が壊れたら予算を捻出して補修します。教職員が倒れたら、その人や家族の生活を支える方法を模索するとともに、代替教員を探します。

教職員の研修についても、初任者研修から中堅教員や管理職まで経験と職域に応じた研修内容の企画・実施、体制の構築をするなど、学校現場のために様々な施策を用意して支援しています。

こうして学校教育をリードし、導いていくとともに、学校現場に必要な支援を行うことが教育委員会の大きな仕事です。

学校を管理する

もう一つの大きな仕事は「学校を管理すること」です。学校は設置者管理主義です。公立学校をどのようにしていくかを決めるのは、設置者である教育委員会の仕事になります。

まれに勘違いされますが、**「学校は校長のもの」ではありません。**教育委員会が校長に一時的に学校を預けて、管理してもらっているのです。預けている間は、子どもたちへの教育はもちろん、地域に開かれた学校づくりなど、学校の発展にも取り組んでもらいますが、勝手なことはできません。

例えるなら、公立学校の校長は会社の支店長です。本社の方針のもとに支店を任されているのです。校舎の改装や人事など、大きな事柄は校長の一存で決められるものではありません。あくまで教育委員会の方針に基づいて学校運営を行ってもらう必要があります。

子どもが充実した教育を受けることができるよう、学校規模や配置、施設設備、教職員配置、予算などを考えるのは学校を管理する教育委員会の仕事です。学校や子ども・地域の状況をよく知る校長の思いを受け止めながら、全体のバランスも考えて取り組んでいきます。その意味でも学校と教育委員会の連携は重要です。

学校があっての教育委員会、教育委員会があっての学校です。学校と教育委員会がしっかりと連携してONE　TEAMとなることで、よりよい教育を推進していくことができるのです。

2 学校の思い、教育委員会の思い

前述のように、**学校と教育委員会は一蓮托生です。**学校のためにがんばっているのが教育委員会です。教育委員会の舵取りがうまく運べば学校も良くなります。

しかし、教育委員会と学校の連携が十分でなければ、教育委員会の思いがうまく伝わらず学校に誤解されることもあります。

学校は学校で、教育委員会に対してさまざまな思いを持っています。

学校は様々な課題を抱えていつも忙しくしています。それでも教育委員会からはあれこれと指示がきます。調査や報告もたくさん求められます。さらには教育課題に対する取組についても通知や依頼がきます。学力向上、学習評価の改善、大学入試改革への対応、STEAM教育、読書指導、小学校教科担任制、いじめや不登校の対策、校則の見直し、主権者教育、教育の情報化の推進、道徳教育、人権教育、多文化共生教育、グローバル教育、環境教育、地域との連携、ボランティア教育、安全教育、防災教育、体力向上、体験活動、キャリア教育、教職員の資質向上、教職員の不祥事防止、そして働き方改革……。

「こんなにたくさんの取組を同時に推進しろと言われても、一体どうすればよいのですか。それよりも本校では、今日家を飛び出した子どもを探す方が大事なんです。教育委員会はこんな学校の現状をわかっているのでしょうか……」ということです。

学校が教育委員会の施策を活かす

確かに、これだけ多くの課題に対して全力で取り組むことはとても困難です。

例えば、国語、社会、数学、理科、英語、どの教科もどっさりと宿題を出していたら、子どもたちはとてもすべての宿題をこなせるはずがありません。

学校の課題対応も同じようなものです。キャパシティを超えた量の取組をこなすことはできません。教育委員会もそのことはよく分かっていて、すべての教育課題に対して全力で取り組むことまでは求めていません。**学校の状況によって課題にはそれぞれ軽重がありますから、それに応じた取組をしてもらえばよい**と考えています。

しかし、**教育委員会としてはすべての教育課題に対して解決のための施策を講じる必要が**

あります。また必要に応じて学校に指導をする必要があります。課題があるのに何もしないわけにはいきません。

大事なのは、**学校が教育委員会の施策をうまく活用すること**だと思います。「本校は生徒指導に力を入れたいので、この施策を積極的に活用しよう」「この課題は本校では優先順位が低いから、今は学期に1回の取組から始めよう」「すでに進めている取組の看板を変えて、この課題の取組として実施しよう」など、工夫をすることです。

全ての課題解決のために、全ての施策に対して全力で取り組んでいたら教職員が倒れてしまいます。教職員のマンパワーを考えるとともに、学校課題の優先順位を踏まえて取り組む必要があります。働き方改革も重要な課題なのですから。まさに**校長の課題マネジメント能力が問われる**のです。

教育委員会事務局の見えない努力

学校現場がいろいろな思いを抱いているように、教育委員会には教育委員会の思いがあります。教育委員会も子どもたちのために、学校のために、教職員のために、現場のことを考えて一生懸命取り組んでいるのです。

しかし、そうした**教育委員会の努力や苦労はなかなか学校現場から見えません**。ですからわかってもらえないことが多いですし、時に誤解もされてしまいます。

例えば、職員団体との給与確定交渉などもそうです。首長部局は財政難への対策を講じたいのですが、職員団体としては給料の減額は阻止したいものです。人事委員会の勧告はありますが、国準拠、他府県均衡を考えながら首長部局との調整もあり、教育委員会の一存では決められません。地道な交渉と調整を重ねながら、給与や休暇制度といった総合的な措置を講じていきます。

でも、現場には給与がどのくらい減ったか、増えたかという結果しか届きませんから「教育委員会に給料を減らされた……」ということになってしまいます。

人事担当課の給与係は毎日遅くまで汗をかいて、自分の給料を減らす仕事をしています。本当はもっと給料が下がるところを、苦労して調整して予算配分を見直してそこまで押し上げて、給料の下げ幅を縮めていたのだとしても、そのことは現場には届きません。ただ、水面下にそんな給与係のがんばりがあることは、現場の先生方にも知ってほしいと思います。

また、学校からは「学校予算を削減しないでほしい」とも言われます。教育委員会の予算は首長部局から配分されます。教育委員会は首長部局と折衝して「今の学校教育にはこれだけの課題があり、各学校はこんなにがんばっているし、これからはこんな施策を構築して学校現場を支援したい」と粘り強く交渉します。

首長部局としては予算をできるだけ抑えたいのが本音です。教育委員会が汗をかいて努力して折衝した結果、首長部局も折れて予算を配分するのですが、それでも前年度より学校予算が減っていると学校現場にとっては「今年も予算を削減された」という受け止め方になってしまいます。本当はもっと削減されるところをがんばって削減幅を縮めたことは伝わらないままです。

マスコミの報道に関しても誤解されることがあります。教育委員会が学校現場を支援していない、責任を学校現場に押しつけているなど誤解を招くような報道がされると、校長会からも教育委員会へ苦情が入ります。

しかし、教育委員会は学校現場を支援するのが仕事です。事件が起これば当該校に指導主事を派遣し、事務局では毎日遅くまで対応します。苦情の電話もたくさんかかってきます。**みんな疲弊しながらも、まさに現場と一連托生で取り組んでいます。**「支援をしていない」ということは決してありません。

このようなことは教育委員会側から言うことではありませんが、ぜひともわかってほしいところです。

他にも、様々な外圧が学校に及ばないように努力していることも多々あります。

しかし、あまり学校現場にはわかってもらえていません。教育委員会の取組を理解してもらえていないこともありますし、誤解されることもあります。それでも、実は見えないところで学校のために汗をかいてがんばっているということをぜひ理解してほしいと思います。

そのためには、**教育委員会と学校のお互いが積極的に話をする機会をつくっていくことです。**情報交換とともに、それぞれ苦労していることも話し、お互いの立場を理解しあうことで、より信頼関係を築き、支え合い、助け合うことができます。

教育委員会と校長がしっかりと連携することが、よりよい学校教育につながります。

3 信頼される教育委員会をつくるために、校長ができること

学校と教育委員会がしっかりと連携していくためには、学校現場と教育委員会との信頼関係が基盤になります。そのためには**教育委員会が学校現場から信頼されることが必要です。**

「信頼される教育委員会に」といっても、教育委員会内部のことは校長にはどうにもできません。

しかし、校長にもできることはあります。

一つは**学校現場の求めているものをきちんと教育委員会に伝えることです。**「学校現場は教育委員会に何を求めているのか」を考えて仕事をしていけば、自ずと信頼される教育委員会になっていきます。

そしてそれ以上に、**指導主事や人事主事を育て、鍛えること**をしてほしいと思います。指導主事が力をつけることが、信頼できる教育委員会の土台になっていくのです。

学校現場が指導主事・人事主事を育てる

将来の指導主事や人事主事となる人材を学校現場で育てることも大切ですが、併せて、**いま教育委員会にいる指導主事や人事主事を育ててほしいと思います。**

今の時代、管理職や指導主事になろうという人は少なくなりました。退職する校長の数以上の教頭試験受験者を確保するのにも苦労していて、再任用校長等に頼らざるをえないという自治体もあります。指導主事も同様で、希望者は激減しています。

もともと子どもが好きで教員になっていますから、学校現場から離れて教育委員会の仕事を希望する人はあまりいません。校長から声をかけられ、教育行政のやりがいを説かれたのがきっかけという人が多いと思います。

そして意気揚々と事務局に入ったものの、事務局に入れば行政の素人です。最初は右も左もわからず右往左往です。上司からは「指導主事などいくらでも代わりがいるんだ、嫌だったらいつでも辞めてしまえ!」と言われるなか、「意地でも辞めないぞ」というプライドを持って歯を食いしばってがんばっている人も多かったと思います。

しかし今は指導主事の希望者が少なく、辞められたら後任がいません。「無理するな、早く帰れ、休みをとれ」とできるだけ働きやすい職場にしています。もちろんそれ自体はよいことなのですが、それだけでは指導主事はなかなか成長しません。

学校現場から見て少し頼りなく感じる指導主事がいたら、温かい目で見守りながらも、いろいろと質問をしたり、指導を求めたりして勉強する機会をつくってあげてほしいのです。**学校や校長から質問されたり叱られたりする経験を通じて、指導主事は成長していきます。**

指導主事・人事主事に必要なもの

指導主事は教育長代理として学校訪問をしたり、校長に取組の説明をしたりと、教育施策を推進していく立場です。**指導主事自身が教育に対する熱い思いを持っていないと、学校現場をリードし支援することはできません。**

指導課は教育をリードする課です。先の読めない時代だからこそ、自分で考え行動できる人を育てないといけません。「これからの教育はこうあるべし」という理念に基づいて施策を構築し、現場に説明していくことが求められています。**指導主事には「教育理念」が必要なのです。**教育に対する理念、信念があってこそ指導主事が語る言葉には魂がこもります。魂の込められた言葉は自ずと相手の心に届くのです。

また、人事主事は人事が主な仕事です。人事の対象である「人」は感情を持っていますし、その「人」の後ろには「家族」がいます。様々な家庭の事情を抱えています。そのことをいつも胸に刻みながら仕事をする必要があります。

単純に右から左へ人事異動というのではなく、それぞれの学校の校長の思いを汲む必要もあります。人はそれぞれ、いろいろな事情を抱えています。校長はそれを踏まえて人事主事と相談します。**人事主事は「情」を持って仕事をすることが大切です。**

人事主事は無理も言います。行きたくないところへ異動してもらったりもします。その恩返しをどこかでするためにも、人事主事はずっと覚えていないといけません。担当が変わればきちんと引き継ぐことです。それが「情」です。**血の通った人事**をすることで、学校現場からも信頼される人事主事になっていくのです。

自分の言葉で教育施策を説く

指導主事や人事主事が校長に対して施策の説明や取組のお願いをする際も、自分で勉強して汗をかきながら説明し、質問に答える必要があります。「上からの指示です」「首長や教育長の意向ですからよろしくお願いします」と言えば、校長は「仕方ない」と文句を言いながらもしぶしぶ了解してくれるかもしれません。

しかし、それだけでは校長は学校へ持ち帰って教職員に説明ができません。**「教育委員会の指示だから……」では、今度は教職員が納得しません。**校長自身が納得できてこそ、自分の言葉で教職員に説明することができるのです。

そのためにも、指導主事や人事主事が「こういう背景で、こういう理由から、この施策をつくったのでよろしくお願いします。確かに実施に当たってはこういう課題はありますが、その際はこのような対応も考えられると思います」と校長に対してきちんと説明できなければいけません。

校長から質問があれば、それにも的確に回答できなければなりません。それができずに連絡事項を読み上げるだけなら誰が伝えてもよい話です。しっかり勉強して、自分でQ＆Aを作って、わからないところは先輩や上司に聞いて確認して、そして自分の言葉で説明に臨む必要があります。

それが指導主事や人事主事のプライドというものです。

校長が、指導主事・人事主事の学びを促す

指導課、人事課という二つの課は校長にとっても大きな存在です。ぜひ指導主事、人事主事の仕事ぶりを見ていただいて、至らない点があればあえて指導して育ててあげてほしいと思います。

そのためには、施策や取組についての質問をすることや、時には厳しめに抗議することも必要です。

わからないことを聞かれた指導主事や人事主事は回答を調べます。通知を調べ、法令を読み、事例を探します。それでもわからなければ先輩に聞きます。そうやって指導主事は学んでいきます。

また、担当の主事に相談しても、木で鼻をくくったように「できません」と言われることがあるかもしれません。本当は課長に直接相談もできるところ、敬意を表して窓口である担当に相談しているのに、担当はよくわかっていなくて、杓子定規な対応をされることもあります。

そんなときには、そのことをきちんと指導することです。

できないことは校長もわかっています。そんなことはわかったうえで、他の方法や運用の仕方や解釈の方法について何とかならないかという相談に来ています。そのことをきちんと、時には厳しく指導主事に伝えることです。一校を預かる校長が、忙しいなか教育委員会まで足を運んで相談に来ている、その重みを説いてください。それによって指導主事は学び、成長していきます。

文書が届くのが遅ければ注意をしてください。間違いがあれば指摘もしてください。学校に出す文書は内部文書とは違い公的なものです。課長名や教育長名で発出する公文書です。間違いは課長や教育長の恥になるのです。文書の決裁において複数の者が目を通したにもかかわらず、誰も気づかなかったということです。忙しいから仕方がないな、と許していたらその気の緩みが蟻の一穴になるかもしれません。

今いる指導主事が成長し、力をつけ、将来、係長や主幹、副課長等になっていくことが、より信頼できる教育委員会をつくる道筋です。力のある指導主事が増えることで、何か事が起こってもしっかりと学校を支えられる頼もしい教育委員会になっていくのです。

そのために、**学校現場が指導主事を「育て、鍛える」という観点で指導をしていただきたいと思います。**

教育委員会は多くの学校をずっと見てきています。そして多くの事例に対応してきた経験とノウハウを持っています。今の教育の動きやこれからの教育に求められるものを熟知しています。

学校に何かあったとき、教育委員会は本当に頼りになります。教育委員会の存在は大きく心強いものです。校長として学校運営をよりよく進めるためにも、ぜひ教育委員会との信頼関係をつくっていってほしいと思います。

COLUMN

ワンフレーズの校長学

校長の心得編

- 職員に夢を語る。教育は理想を語るところから始まる。
- 「今日の子どもたちの様子はどうだろう」というわくわく感が大事。
- 学校で動いていることは全て校長の責任。「知らない」では済まされない。
- 校長は腹に落ちないことには何人にも「ハイ」と言うな。
- 校長は一人では何もできないことを知ること。
- 何を一番大切にするかで判断する。
- ただし「大切なこと」と「正しいこと」は違う場合もある。
- 意見は聞くが、決断するのは自分。

おわりに

公立学校において、校長には上司がいません。教育委員会の管理下にはあるものの、多くの事柄は校長に委任されています。今まで管理職の道を歩むなかで、自分の理想の学校像を思い描いてきたと思います。**校長はその理想の学校づくりができるのです。**

「上司がいない」ということはすなわち、校長が責任を負うことになります。その重みは当然ではありますが、準備はしてきたはずです。不安になるより、校長職のおもしろさ、醍醐味を味わえることに期待してほしいものです。

確かに「管理職受難」の時代、校長になったものの「こんなはずじゃなかった」と思うこともあるかもしれません。本音では「大変だ、困った、しんどい、どうしよう」と悲観的になることも多々あります。辛いこと、誰にもわかってもらえないこと、いろいろあります。やめたくなることも度々です。

でも、それらはすべて感動の種です。しんどければしんどい分、辛ければ辛い分、あとの感動は大きくなります。教員ならばみんな知っていることです。

校長職は感動的な仕事でもあります。大変な職ですが、それ以上にやりがいも大きいものです。**校長職を不安に思わず、大いに楽しんでほしいものです。**

後ろ向きに考えればキリはありません。児童・生徒対応はもちろん、保護者や地域住民への対応など、自分が知らないところでトラブルの種が発生し、未だ見ぬ間に大きく育ち、気がついたときには袋小路。いつも校長は謝り役、割に合わない仕事かもしれません。

でも、それが校長の仕事です。教職員が頭を下げるだけでは解決しないことも、校長が真摯に謝罪することで、多くの場合は終止符を打つことができます。それが校長の重みです。校長にはそれだけの力があります。

その力は、校長がこれまで積み重ねてきた経験や努力によるものです。それは、これから取り組んでいく教育実践を通じてより大きな、揺るがぬ自信となっていきます。その揺るがぬ自信があれば、問題が起こったときでも泰然と構えることができます。

どうぞ、校長としての自覚とプライドを持ち、胸を張って自分の道を歩んで行ってほしいと願っています。

そして、**自身の健康管理にはくれぐれも留意してください。**

校長の代わりはいますが、家族の中ではあなたの代わりはいないのです。

「くれぐれも自分の体は大事にしてほしい」と言うと、誰もが「そうですね」と納得します。でも、**健康管理のために具体的に何をしているかというと「結局何もしていない」人も多いようです。**

たとえば、テニスやゴルフ、山登りといった具体的なスポーツを定期的に行っている。ジョギングをする。毎日一万歩は歩いている。毎年必ず人間ドックに行く。食事に気をつけ、塩分や糖分は控える。健康食品を毎日摂っている……そうした具体的な行動が健康を保つことにつながります。

健康管理は自分のためだけではありません。校長が青い顔をしていると教職員や子どもたちも元気が出ません。いつも明るく元気で胸を張って仕事をするためにも、具体的な健康管理の方法を意識してください。

くれぐれもご自愛のうえ、今後ますますのご活躍を心よりお祈り申し上げます。

著者紹介

竹内　弘明（たけうち・ひろあき）
神戸親和大学教授

　公立中学校、県立高等学校教諭を経て兵庫県教育委員会事務局に勤務。高校教育課指導主事、教職員課管理主事等を経て高校教育課長、教育次長。県立高等学校および私立中高一貫校の校長を務め、現在は神戸親和大学教育学部教授。

　県教育委員会の教育行政職を16年、校長職を8年務めた。長年の管理職経験や管理職の養成・採用・研修の担当経験、また、職務上数多くの校長や管理職との交流の中で培った校長学・経営学等をもとに、リーダーとしてのあり方や心得について中堅教員研修や管理職研修等、多数の各種研修会において講師を務めてきた。

信頼される校長の条件

2024年2月1日　初版発行

著　　者……竹内弘明
発 行 者……福山孝弘
発 行 所……株式会社教育開発研究所
〒113-0033　東京都文京区本郷2-15-13
TEL：03-3815-7041（代）　FAX：03-3816-2488
URL：https://www.kyouiku-kaihatu.co.jp
E-mail：sales@kyouiku-kaihatu.co.jp
振替　00180-3-101434

ブックデザイン……黒瀬章夫（Nakaguro Graph）
編集担当……佐伯拓磨
印 刷 所……中央精版印刷株式会社

Printed in Japan　ISBN 978-4-86560-583-9　C3037
落丁・乱丁本はお取り替えいたします。定価はカバーに表示してあります。